ARKANA

W0377865

Buch

Hanna Wolff berichtet von ihrer Kindheit, vom Krieg, ihrer Erziehungsarbeit in Indien und ihrer therapeutischen Tätigkeit und erzählt von kleinen und großen Wundern des täglichen Lebens. Die zehn Geschichten dieses Buches sind bewegende Bekenntnisse, die Kraft zu besitzen, Hoffnung und Zuversicht zu wecken. Sie zeigen, auf welch unterschiedliche Weise Menschen in bestimmten Situationen ihren Weg gefunden haben. Sie lassen erkennen, dass in jedem von uns ein Lebensbrief liegt, der Führer und Begleiter auf unserem Weg ist. Aus dem Inneren spricht er zu uns, durch Träume oder als innere Stimme. Hanna Wolff bestärkt uns, auf diese Stimme zu hören und uns auch in scheinbar ausweglosen Situationen der inneren Führung anzuvertrauen.

Autorin

Hanna Wolff, Jahrgang 1910, studierte Rechts- und Staatswissenschaften, Theologie und Tiefenpsychologie. Zunächst versah sie das Amt der Vikarin bei der Pommerschen Bekenntniskirche. Anschließend übernahm sie im Dienst der Gossnerschen Mission eine Dozentur in Indien. Nach ihrer zwangsweisen Repatriierung nach Deutschland 1946 war sie als Religionslehrerin in Reutlingen tätig. Doch bereits 1951 kehrte sie nach einer kurzen Zwischenstation in La Paz, Bolivien, wieder nach Indien zurück und wirkte beim Aufbau der Erziehungsarbeit mit. Ab 1969 arbeitete Hanna Wolff als Psychotherapeutin. Sie starb 2001.

HANNA WOLFF

DER EIGENE WEG

Sinnlich-Übersinnliches in Traum und Wirklichkeit

Vorwort von Franz Alt

ARKANA
GOLDMANN

Die Originalausgabe dieses Buches erschien 1989
bei Radius-Verlag GmbH, Stuttgart.

Umwelthinweis:
Alle bedruckten Materialien dieses Taschenbuches
sind chlorfrei und umweltschonend.
Das Papier enthält Recycling-Anteile.

Vollständige Taschenbuch-Lizenzausgabe April 2003
Wilhelm Goldmann Verlag, München
in der Verlagsgruppe Random House GmbH
© 1989 der Originalausgabe Radius-Verlag GmbH, Stuttgart
© 2003 des Vorwortes Franz Alt
Umschlaggestaltung: Design Team München
Umschlagfoto: Photonica
Satz: Uhl + Massopust, Aalen
Druck: Elsnerdruck, Berlin
Verlagsnummer: 21608
WL · Herstellung: WM
Made in Germany
ISBN 3-442-21608-7
www.goldmann-verlag.de

1. Auflage

Inhalt

Vorwort von Franz Alt

Hanna Wolff: Traum-Frau und Jesus-Forscherin

Hanna Wolff meint in ihren Jesus-Büchern doch tatsächlich, dass der junge Mann aus Nazareth »nicht nur Wichtiges, sondern Fundamentales zum Werdegang der Menschheit sagen will, zu Politik, Wirtschaft, Technik, Ökologie, Hausbau, Kunstgestaltung, Musik oder zu Käfigthemen, Abtreibung, Tierschändung, Lohnpolitik, Aufrüstung oder Nachrüstung«.

Ein solches Jesus-Bild ist vor dem Hintergrund der 2000-jährigen Geschichte der christlichen Kirchen nicht nur aufregend neu und umwerfend aktuell, sondern auch persönlich hilfreich, wie ich aus vielen persönlichen Begegnungen mit Hanna Wolff weiß. Meine Psychotherapie vor über 20 Jahren bei dieser C. G.-Jung-Schülerin und Jesus-Forscherin war für mich geistige Lebensrettung inmitten einer typisch männlichen Midlife-Crisis. Die Bücher Hanna Wolffs haben mir den Weg in ihre Therapiestunden gezeigt, und dort erlebte ich eine erste Ahnung meines eigenen Wegs.

Dieses Buch »Der eigene Weg« legt die Wurzeln des sehr konsequenten, ereignisreichen inneren und äußeren Lebens der Autorin frei. Es zeigt, wie ein freies, würdevolles und gelungenes Leben trotz allem im 20. Jahrhundert, im Jahrhundert von Stalin und Hitler, von Auschwitz, Hiroshima und Tschernobyl, möglich war.

Hanna Wolff ist die Zeitzeugin eines anderen, besseren, alternativen 20. Jahrhunderts. »Den eigenen Weg gehen« – das war für die Autorin Lebensmotto, das sie in schwerer Kindheit im Wesentlichen von ihrer Mutter gelernt hat. Was können wir Heutigen, die wir noch alle unsere Wurzeln im 20. Jahrhundert haben, von Hanna Wolff lernen? Diese Frau ist wie Jesus davon überzeugt, dass jeder Mensch »zu Großem berufen« ist. Was heißt das persönlich und politisch?

Persönlich: Jesus von Nazareth war für Hanna Wolff der erste neue Mann – ein Mann, der das Weibliche in sich erkennt, anerkennt und lebt. Jesus ist deshalb für sie ein Mann von hinreißender Klarheit und aufregender Eindeutigkeit – *das* Vorbild schlechthin für gelingendes Menschsein.

Die meisten Vertreter der heutigen Theologie und Kirche sind aber in patriarchalischen Strukturen und Hierarchien gefangen, weil ihnen »Anima-Integration« fehlt, das heißt, weil ihre Gefühlsfunktion, die Werte wahrnimmt, nicht ausgebildet ist. Sie sind allenfalls zu »sentimentalem Gefühlserguss« fähig, ihnen fehlt »Werte-Kompetenz«. Das Christentum wurde leider zu einer harmlosen »Wunschkuh-Religion«: Es bietet jedem etwas und in Wahrheit gar nichts mehr. Jesus wurde von den Kirchen zur nostalgischen Figur degradiert, deren aktuelle Brisanz völlig entschärft wurde. Die Bergpredigt wurde zum Heimatroman verharmlost.

Jesus aber war ein wahrer Mann von außergewöhnlicher

Individualität, durchdrungen von schöpferischem, Werte setzendem Gefühl. Damit stellt Jesus die bis heute weit verbreitete Scheinmännlichkeit in Frage.

In diesem Buch wird deutlich, wie Hanna Wolff über Weisheitslehrer in Indien – sie lebte und arbeitete dort über 20 Jahre – und über ihr spätes Studium der Tiefenpsychologie in Zürich ihr revolutionäres Jesus-Bild fand. Sie befreit es von jahrtausendealter Tünche. Zum Vorschein kommt der wirkliche Jesus, ein lebendiges Vorbild für moderne Menschen. Die Autorin fragt: »Warum versuchen die Männer es nicht einmal ernstlich mit dieser Möglichkeit einer überlegenen Männlichkeit? Warum versuchen die Frauen ihr Leitbild von Männlichkeit nicht ernstlich an der großen, echten, schöpferischen Männlichkeit Jesu neu zu formen?«. In ihrem Buch »Jesus als Psychotherapeut« zeigt Hanna Wolff überzeugend auf, dass sich das real existierende Christentum allenfalls als Hüterin der Asche Jesu versteht, nicht aber sein Feuer weiterzugeben in der Lage ist. Sein Bild wurde übertüncht, seine Botschaft verdrängt und die Konsequenzen seines Lebens wurden verniedlicht und verkitscht. Der wirkliche Jesus aber ist eine große Hilfe zu mehr Selbsterkenntnis und damit zur Befreiung von unseren autonomen, unbewussten Komplexen.

Jesus sei deshalb vorbildlich, weil er ein heil machendes Gottesbild lebte und verkündete. Und daraus resultiert ein heil machendes Menschenbild.

Und was heißt »zu Großem berufen« politisch?

Die Theologin und Psychotherapeutin ist durchdrungen von der Aktualität der »Feindesliebe« des Jesus von Nazareth. Wenn auch nur einige »christliche« Politker diese Jesus-Strategie verstehen würden, sähe die Welt friedlicher aus. Die Kirche selbst wird politisch nicht ernst genommen, weil sie ihrerseits Jesus nicht wirklich ernst nimmt. Viele Kirchenmänner und Christen in der Politik sehen in Jesus einen weltfremden Utopisten. War aber – so Hanna Wolff – Martin Luther King ein Utopist, der seinen farbigen Brüdern mit ausschließlich gewaltlosen Mitteln aus der Schule Jesu neue soziale Existenzmöglichkeiten errang? War Mahatma Gandhi, der mit dieser Waffe ein Weltreich aus den Angeln hob, ein weltfremder Utopist?

Politikern, die in ihrer religiösen Harmlosigkeit immer noch meinen, »mit der Bergpredigt kann man nicht regieren«, empfiehlt Hanna Wolff ganz einfach: Versuchen Sie es doch mal! Der wirkliche Jesus hatte bis heute innerhalb der Kirche noch keine Chance.

Jesu neues Gottesbild prägt einen neuen Menschen – auch in der Politik. Jesus zerstört das alte patriarchale Gottesbild und Menschenbild und zeigt damit einen neuen Typ Mensch auf. Dieser neue Typ Mensch ist politisch ein Vertreter der Gewaltfreiheit. Nichts ist im Atomzeitalter dringlicher, wenn wir wirklich überleben wollen – und nichts wäre realistischer. Jesus war anders als die damaligen Theologen und Politiker und anders als die heutigen Theologen und Politiker. Jesus hat vorgelebt, dass die Fülle des Menschseins unermesslich groß und unbegrenzt tief ist. In seinem Wort »*Alles* kann, wer vertraut« wird deutlich, dass jede Leserin und jeder Leser dieser Zeilen dasselbe kann, was Jesus vorlebte: wahrhaftig Mensch sein. Politisch heißt das: Eine andere Welt wird möglich, weil andere Menschen möglich sind.

Die menschliche Psyche weiß von Kräften und Möglichkeiten innerer Wandlungsprozesse, die uns über unsere Träume bewusst werden können. Nur so wird es uns zum Beispiel gelingen, Feindbildprojektionen aufzulösen. Nur so lernen wir, das alte Bild vom »Richter«-Gott und »Strafe«-Gott zu überwinden und in der Schule Jesu den liebenden Vater-Gott kennen zu lernen.

Mit großer Ernsthaftigkeit schlägt die Autorin uns Christen vor, uns vom »Alten Testament« des Judentums zu emanzipieren und endlich auf der Basis der Botschaft Jesu eine eigene christliche Identität zu entwickeln. Die Harmonisierung des Christlichen mit dem Jüdischen – so Hanna Wolff – ist weder christlich noch jüdisch. Christen sollten nicht »die besseren Juden«, sondern Christen im Geiste Jesu sein. Die Juden seien in ihrem »Golgotha«-Komplex als »Gottesmörder« so sehr gefangen wie die Christen in ihrem »Holocaust«-Komplex. Unbewusste Komplexe aber verhindern Freiheit. Genau hier aber haben die christlichen Aggressionen gegen das Judentum ihre Ursachen. Die beidseitigen Komplexe gehören »auf den Müllhaufen der Geschichte«. Und: »Wo autonome Komplexe regieren, da ist in Ehen, Familien, einzelnen Parteigruppen, Völkern, unter den Völkern immer Holocaust.«

Nur die Überwindung der autonomen Komplexe führe über Selbsterkenntnis zum eigenen Weg. Und was kann uns dabei helfen? Wo sind die Wegweiser?

Nach meiner ersten Therapiestunde empfahl mir Hanna Wolff: »Schreiben Sie doch für die nächste Stunde Ihre Träume auf.« Meinem Einwand »Ich träume nicht« begegnete sie mit dem lachenden Hinweis: »Schreiben Sie sie trotzdem auf.« In der Nacht danach brachte ich gleich fünf Träume zu Papier. Über die Autorin und meine Träume lernte ich meinen eigenen Weg kennen und gehen. Hanna Wolff wurde meine »Traum-Frau«.

»Der eigene Weg« ist ein hilfreicher, leicht lesbarer und manchmal humorvoller Wegweiser für jeden und jede, die wirklich wissen wollen, wo es lang geht.

Der Lebensbrief

Es ist erstaunlich, welch ein Interesse die Menschen aus dem Westen neuerdings wieder an den Künsten und der Weisheit des Ostens nehmen: Aus Japan kommen Zen und Zen-Meditation, von China her Kung Fu und Tai Chi. Aus Indien nicht nur Yoga-Übungen und -Meditationen, deren Praktiken im Abendland wieder modern werden; von dort dringen auch Wiederverkörperungslehre und Astrologie zu uns. Nachrichten von den Philippinen über Eingeweihte, die geistige Heilkräfte anbieten und ganze Jets mit kranken Menschen dorthin in Bewegung setzen. Gurus verschiedener Couleur bieten der Jugend des Abendlandes Hilfe und Entwicklungsmöglichkeiten an.

In unseren Breiten scheint nur der Geist der Dekadenz zu wehen. Man zerbricht sich den Kopf, wie man die Menschen wieder zum Christentum bekehren und zum Gottesdienstbesuch motivieren könnte. Die Zahlen der Gottesdienstbesucher nehmen ständig ab. Auch der Priesternachwuchs lässt zu wünschen übrig.

Kirchentage als »Jahrmärkte der Möglichkeiten« sollen das geistliche Leben in Bewegung bringen, Akademietagungen beider Konfessionen das geistliche Wissen erweitern und Probleme lösen helfen. Synoden wollen das »Wort der Kirche« zu Politik und Wirtschaft aussprechen. Es macht alles einen durchaus bemerkenswerten Eindruck und lässt auf lebendiges Leben in einer modernen Kirche schließen. Schaut man aber genauer hin, so scheint doch alles beim Alten zu bleiben. Nachhaltige Wirkungen all dieser Veranstaltungen sind kaum wahrzunehmen. Jesus scheint in der Tat kaum noch etwas wirklich Neues zu bieten. Mit den oben angeführten östlichen Lehren kann er anscheinend kaum konkurrieren. Es ist bei ihm alles zu unangenehm nüchtern und klar, fast banal, da er sich durchweg mit den alltäglichen Dingen des Lebens beschäftigt, mit Säen und Ernten, Brotbacken und Schafeweiden, mit dem Geschrei der Kinder und dem Geschwätz der Frauen. Da bietet doch der Osten ganz andere Mysterien.

Eine beliebte und auch weit verbreitete Gabe des Ostens ist die Astrologie. Wohl in Babylon entstanden, hat ihre Faszination trotz Aufkommens der wissenschaftlichen Astronomie in keiner Weise nachgelassen. Von den Sternen erwartete man Führung und Kenntnis der eigenen Lebensbahn. Von ihnen erwartet man auch bei uns tiefere Einsicht in den Lauf des eigenen Lebens.

Ja, die Sterne! Wohl in den meisten Hindufamilien ist es bis heute immer noch Sitte, dem frisch angekommenen Säugling vom Priester das Horoskop der Geburtsstunde stellen zu lassen. Das ist sein *janm patri*, sein Lebensbrief. Der wird vom Priester in einer Art Sanskrit-Stenographie aufgeschrieben, die der gewöhnliche Mensch nicht lesen kann. Nur der Priester kann ihn lesen und deuten. Von nun an wird dieser Lebensbrief den betreffenden Menschen sein Leben lang begleiten. Bei jeder wichtigen Entscheidung wird er mit ihm zum Pandit oder Priester gehen, der aus dem Horoskop ersehen kann, wie und wann man handeln sollte. Ein Lehrer zum Beispiel, der sich um einen neuen Job bewirbt, erhält den Rat, zu einer bestimmten Stunde an Ort und Stelle zu sein. In einem solchen Falle wird er unter Umständen eine teure Taxifahrt der Eisenbahn vorziehen, um zu der angegebenen Stunde am Zielort anzukommen.

Natürlich werden alle Hochzeiten genau nach dem Horoskop geplant. Auch werden die Horoskope von Bräutigam und Braut verglichen, ob sie in glückbringender Weise übereinstimmen. Bis in die kleinsten Unternehmungen hinein bestimmt das Horoskop den Lauf der Dinge. Nicht selten kompliziert es diese. Bevor etwa die Schüler unserer Schule in die großen Ferien fuhren, saßen die »Schriftgelehrten« unserer Schule und auch die der Eltern der Schüler im Heimatort – bereits lange zusammen, um herauszufinden, welches der günstige Tag für die Heimreise sein würde. Nach hinduistischem Glauben kann man nur an bestimmten Tagen nach Norden oder Süden, nach Westen oder Osten reisen. Da wir aber als Internatsschule Jugendliche aus allen Gegenden Indiens hatten, entstanden große Probleme: Hatte man sich auf einen bestimmten Wochentag geeinigt, so wurden Platzkarten für den Zug geholt, Busse bestellt und die Listen für Schüler und Begleiter festgelegt. Dann geschah es des Öfteren, dass am Tag vor Schulschluss aufgeregte Eltern telegrafierten oder telefonierten mit dem Hinweis: »Unser Pandit hat aber gesagt, es ist unmöglich, den Jungen an diesem Tag nach Hause zu schicken. Wenn etwas passiert, können Sie die Verantwortung übernehmen?« – Natürlich konnten wir das nicht. Es geschehen nun einmal Zugunglücke. In einem solchen Fall hätte die Schuld bei uns gelegen. Also wurden die Bahnkarten zurückgegeben, die Busse abgesagt, und die Pandits traten wieder zusammen, um einen neuen Tag herauszufinden, der für Fahrten in alle Himmelsrichtungen gleich günstig sein müsste. Hatte schließlich der letzte Bus die Schule verlassen, sanken wir erschöpft in den Sessel, um uns bei einer guten Tasse Kaffee zu erholen.

Während meines mehr als 22-jährigen Aufenthaltes in Indien lernte ich die Bedeutung des Lebensbriefes hautnah kennen. In den Sternen steht es geschrieben! Das ist uralte Weisheit. Auch heute noch interessiert uns der Stern von Bethlehem. Man glaubt, in dieser sonst mythologisch geprägten Geburtsgeschichte Jesu einen Nachklang einer besonderen Konstellation von Jupiter und Saturn vernehmen zu können. Jupiter, nach damaliger Ansicht Königsstern, näherte sich in außergewöhnlicher Weise Saturn, der als Stern der Juden galt. Diese Konstellation hatte also den Lebensbrief Jesu dargestellt. Über dem Kreuz stand »INRI«, »Der Juden König«. Das tatsächliche Schicksal Jesu wäre aber wohl kaum aus diesem Lebensbrief zu ersehen gewesen. Oder doch? – Im Johannes-Evangelium lässt der Evangelist den Pilatus fragen: »So bist du dennoch ein König?« Und Jesus antwortet: »Du sagst es, ich bin ein König.«

Auch wir im Westen kennen einen »Lebensbrief«, der uns Führer und Begleiter auf unseren Wegen sein kann. Erstaunlich ist nur, wie selten sich Menschen seiner Hilfe bedienen. Nicht am Himmel suchen wir ihn mehr. Aus dem Inneren spricht er zu uns. Jung nennt ihn in Anlehnung an östliche Terminologie das »Selbst«, das unverwechselbare innere Zentrum einer jeden Persönlichkeit. Es spricht zu uns in den Träumen, berät, kritisiert und ermutigt; zeigt uns unseren eigenen Weg und hilft uns, wenn wir uns verirrt haben, auf diesen Weg zurück.

Geradezu programmatisch ist Schillers Wort im »Wallenstein«: »In deiner Brust sind deines Schicksals Sterne!« Wie es scheint, lässt sich dieses Schicksal wirklich nicht ändern. Diesen Gedanken teilt wohl auch Goethe, wie folgende Zeilen aus den »Orphischen Urworten« zeigen:

Wie an dem Tag, der dich der Welt verliehen,
die Sonne stand zum Gruße der Planeten,
bist alsobald und fort und fort gediehen
nach dem Gesetz, wonach du angetreten.
So musst du sein, dir kannst du nicht entfliehen,
so sagten schon Sybillen, so Propheten;
und keine Zeit und keine Macht zerstückelt
geprägte Form, die lebend sich entwickelt.

Goethe knüpft mit den Metaphern von Planeten und Sonne zwar an astrologisches Gedankengut an, doch es geht auch ihm um das in den Tiefen der Seele besiegelte Geschick, um jenen *Lebensbrief*, der letztlich eines jeden Menschen Handeln bestimmt.

Auch die Romantik hat es geahnt, wenn sie nach der *blauen Blume* suchte und die Faszination der Nacht, des Dunkels und des Todes fühlte. Hatte die alte Astrologie noch das Schicksal des Menschen am Himmel abgelesen, also nach draußen projiziert, wie es für ein magisches Weltverständnis typisch ist, so fing der moderne Mensch an, diese Projektionen zurückzunehmen und sich mit der Innenwelt zu beschäftigen. Hier entdeckte er einen Kosmos, ebenso groß und rätselhaft wie der Kosmos draußen: die Seele in ihrer großen Vielfalt und Bedeutung für das Leben. So nimmt es kaum wunder, dass es ein Spätromantiker war, der zum eigentlichen Begründer der Tiefenpsychologie wurde. Carl Gustav Carus, der Hofarzt des sächsischen Königs, ist streng genommen der Entdecker des Unbewussten. Sein 1846 erstmals erschienenes Buch »Psyche« beginnt mit dem bedeutsamen und bis heute gültigen Satz: »Der Schlüssel zum Bewusstsein liegt im Unbewussten.« Die ungebrochene Aktualität dieser Kernaussage lässt sich in der Praxis immer wieder belegen. Ich entsinne mich eines Traumes, von dem eine Patientin berichtete: »Ich gehe in meinen Keller, um dort den Schlüssel zu meiner Wohnung oben zu holen.«

Nachfolgende Entdecker, zuerst Sigmund Freud, später Carl Gustav Jung, haben diesen inneren Kosmos weiter erforscht. Vor allem war es C. G. Jung, der in diesem Kosmos einen neuen »Lebensbrief« entdeckt hat. Er hat ihn »Treue zum eigenen Gesetz« genannt. Ich nenne ihn den »eigenen Weg«. »Geprägte Form, die lebend sich entwickelt«, so hat ihn Goethe beschrieben. Dabei geht es um die beiden Komponenten, die den Menschen charakterisieren: *Prägung* und *Entwicklung*. Prägungen sind so mannigfaltig, wie es Menschen gibt. Entwicklung bedeutet: Es kann sich nichts entwickeln, was nicht im Menschen bereits angelegt ist. Ob der Mensch freilich all das zu entwickeln in der Lage ist, bleibt noch die Frage. Vieles weiß er nicht. Manches ahnt er nur. »Der Mensch in seinem dunklen Drange ist sich des rechten Weges wohl bewusst.« (Goethe) Wieso? Genügt der »dunkle Drang«?

Der Mensch, so sagt die Tiefenpsychologie, besitzt eine »innere Führung«, die sich sogar deutlich vernehmen lässt, wenn man nur hinhorcht. Begnadete Menschen folgen dieser Führung wie einem »dunklen Drang«, der stärker ist als das äußere Schicksal. In solchen Fällen können wir von einer inneren Berufung, einem Gerufensein sprechen. Menschen mit dieser Begabung werden dann zu dem, was sie ihrer Prägung zufolge sein sollten. Hier und da begegnet uns ein solcher Mensch. Wir anderen tun uns oft schwer, die feine Stimme aus dem Inneren zu vernehmen. Zu laut sind die Stimmen unserer Umwelt, zu sehr übertönen sie die Stimme der inneren Führung. Gerade auf diese Weise aber gerät der Mensch in Not. Der Mensch scheint auf Ganzheit angelegt zu sein. Wenn er seinen eigenen Weg verfehlt, wird er am Körper oder an der Seele oder sogar an beidem krank. C. G. Jung sagt: »In dem Maße, als man, dem eigenen Gesetze untreu, nicht zur Persönlichkeit wird, hat man den Sinn seines Lebens verpasst.« »Nur wer *bewusst* zur Macht der ihm entgegentretenden inneren Bestimmung *ja* sagen kann, wird zur Persönlichkeit.« »Auf eigenem Wege ist man wohl bewahrt, fremder Weg ist der Furcht voll«, tönt es von weither aus den über 3000 Jahre alten Upanishaden der Inder. Dem modernen Menschen bietet die Tiefenpsychologie Hilfe an. Sie behandelt nicht, sie berät nicht, sondern sie hilft, die innere Führung zu hören, damit der Mensch seinen eigenen Weg finden und zu Neuanfängen vorstoßen kann.

Es ist in der tiefenpsychologischen Behandlung immer wieder ein faszinierendes Erlebnis, wenn man geradezu sehen und hören kann, wie der innere Führer, die Psyche, die Führung übernimmt. Dies erfährt man vor allem in den Träumen. Mir wird immer wieder entgegengehalten: Was tut man aber, wenn man nicht träumt? – Ein solches Problem ist mir in über zwanzigjähriger Praxis nie begegnet. Kein Wunder! Hat doch die experimentelle Schlafforschung in Labortests festgestellt, dass *jeder* Mensch träumt. Etwa 1000 Träume im Jahr! Es gibt keine Nicht-Träumer. Es gibt nur Menschen, die ihre Träume nicht behalten können. Dafür, dass Traumerinnerungen ausbleiben, liegt in der Regel ein schwer wiegender Grund vor. Die Erfahrungen bei der Behandlung bestätigen das. So berichtete mir ein Patient, er habe 39 Jahre nicht geträumt; eine analytische Behandlung sei also zwecklos. Ich sagte ihm, dass er nur etwas Geduld haben müsse, um einen Traum behalten zu können, und erzählte ihm einiges über die Träume als Möglichkeiten der Entwicklung. Zur vierten Sitzung brachte der Mann dann einen Traum, sogar einen sehr bedeutungsvollen. Als die gemeinsame Besprechung des Traumes klärte, was der innere Führer ihm zu sagen hatte, dass nämlich ein Hitler in ihm steckte, ein Despot und ein Diktator, schockierte ihn das so sehr, dass er nicht wiederkam. Die Folgen dieses Abbruchs der Behandlung hatte er dann allerdings zu tragen. Ein anderer Träumer hatte einen ebenfalls bedeutsamen, aber kurzen Traum. Danach kam kein Traummaterial mehr. Der Mann hatte nämlich geträumt, dass die Heizung im Haus nicht funktionierte, also keine Wärme erzeugt wurde. Als er dann, ebenfalls im gleichen Traum, dem Notstand abhelfen wollte, musste er feststellen, dass seine Mutter mit seinem Auto fortgefahren war. Als ich nach einigen Stunden fragte, ob er denn überhaupt behandelt werden wolle, stieß er hervor: »Nein, ich nicht. Aber meine Frau will, dass ich behandelt werde!« Er hatte also in Wirklichkeit mit Erfolg seine Träume verdrängt, um nicht in die Verlegenheit zu kommen, an sich arbeiten zu müssen. Ich riet ihm: »Um Himmels willen, gehen Sie doch ja nach Hause. Wenn Sie selbst nicht wollen, kann auch ich Sie auf keinen Fall dazu zwingen.«

Meist sind es die ersten Träume der Analyse, die bereits zeigen, wohin die Reise geht. Es sind die so genannten »Initialträume«. Sie treten oft schon nach dem ersten Telefonat auf, noch ehe Patient und Analytiker sich gesehen haben. An diesen Träumen lässt sich bereits häufig ablesen, welches das Problem der Analyse sein wird: Ist es lösbar oder nicht? Welches soll das Ziel der Behandlung sein? Der innere Führer hat bereits sein Votum abgegeben. Oft lässt sich sogar schon erkennen, ob die Behandlung überhaupt lohnt. In bestimmten Fällen könnte man bereits zu diesem Zeitpunkt sich selbst Mühe und dem Patienten Geld sparen. Aber mir selbst ist eine solche Vorausschau oft geradezu unheimlich erschienen. Ich habe es nicht gewagt, den Patienten zurückzuweisen. Kam er doch mit seiner Not, und ich meinte, ihm helfen zu müssen. Dennoch: In jedem dieser Fälle hat der Traum Recht behalten.

Eine Studentin kam zu mir, die behauptete, 16 Stunden am Tag weinen und acht Stunden schlafen zu müssen. Das Leid war groß. Und nun der erste Traum: Sie fährt mit ihrem Auto zum Bahnhof, um die Mutter vom Zug abzuholen. Als sie mit der Mutter vom Bahnhof kommt und ihr Auto sucht, ist es verschwunden. Nach langem Suchen entdeckt sie es endlich. Aber zu ihrem Leidwesen ist das Auto in einen Baum hineingewachsen. Alle Versuche es flottzumachen schlagen fehl. Schließlich steigt sie mit ihrer Mutter in den Fond des Autos, und beide schlafen dort ein. – Mit diesem Traum haben wir, in modernisierter Version, das Dornröschenmotiv vom hundertjährigen Schlaf vor uns. Nur erscheint da kein Prinz, der das Dornröschen wachküsst; an seiner Stelle vielmehr die Mutter, wie die Tochter in Schlaf gesunken. Mehr als ein Jahr habe ich mir die größte Mühe mit dieser Patientin gegeben. Schließlich musste ich die Behandlung erfolglos aufgeben. – Natürlich entscheidet nicht ein Traum über das weitere Schicksal eines Menschen. Analyse ist *ein* Weg, den man gemeinsam geht. Aber ein Weg, der zu einem Ziel führen soll, bedarf eines Wegweisers, einer Richtungsanzeige. Andernfalls tappen wir ziellos hin und her, wie wenn wir mit der Stange im Nebel herumstochern. Gibt es keinerlei Anhalt, ist der Weg ohne jede Markierung, so muss der Versuch aufgegeben werden.

Ein weiteres Beispiel: Ein jungverheirateter Lehrer träumte zu Beginn seiner Analyse, seine Mutter wolle ihn schlachten. Er ergab sich ins Unvermeidliche, und die Mutter ging zum Metzger, um sich über die Technik des Schlachtens unterrichten zu lassen. – Ein schlimmer Traum. In Wirklichkeit handelte es sich um eine sehr freundliche Beziehung zwischen Mutter und Sohn. Die Mutter hatte den Sohn nur mit allzu großer Freundlichkeit in Unselbständigkeit gehalten. Der innere Führer stellte also die eindringliche Frage: Willst du dich schlachten lassen? Der junge Mann wehrte sich und kam schließlich in Frieden von der Mutter los. Sein Schlußtraum in der Analyse lautete:

»Ich komme zur Analytikerin. In ihrem Zimmer sind die Kissen aller Sessel hochgestellt. Der einzige Stuhl ist zum Sitzen zu niedrig. Als ich mich nach einer Sitzgelegenheit umschaue, kommt die Analytikerin herein und zeigt auf den Tisch: ›Setzen Sie sich doch hierauf! ‹ Auf dem Tisch liegt ein schöner Pferdesattel, ein Symbol des Reitens.« Der junge Mann hatte Reiten gelernt. Seine konkreten Lebensumstände zeigten das nun deutlich.

Viele Träume haben den Charakter des Wenn – Dann. Noch stehen im Anfang die Chancen fünfzig zu fünfzig, noch scheint alles offen zu sein. Eine Frau träumt: »Ich stehe vor einem großen Feld, auf dem sich die ersten Spitzen des Ackersalats, eines meiner Lieblingsgerichte, zeigen. Leider liegen aber auf dem Feld Haufen von Abfall, Draht, Steine, Erde.« Also, *wenn* es gelingt, das alles abzutragen, *dann* kann es eine gute Ernte geben. So scheint es der innere Führer zu sagen.

Ein anderer Patient kam, weil er nachts nicht Auto fahren konnte. Er brachte ein im Halbschlaf gesehenes Bild: Alles ist dunkel, schwarzblau der Himmel, schwarz die Erde, aber von rechts fällt ein leuchtender goldener Strahl nach links unten. Dies soll, wie der Patient erklärt, die Autolampe des in der Nacht fahrenden Autos sein. Wir sprachen über die Symbolik des Bildes. Von rechts, das heißt vom Bewusstsein her, fällt ein Licht nach links, ins Dunkel des Unbewussten. Was kann man wohl dort sehen? Mit dieser Frage entließ ich ihn. Beim nächsten Mal erzählte er, dass seine Angst vor den nächtlichen Fahrten verschwunden sei. Aber nun wolle er ergründen, was wohl im Dunkeln verborgen liege. Er wollte nicht nur eine Symptomheilung, sondern eine Verbindung mit seiner inneren Welt aufnehmen. Es wurde eine sehr fruchtbare Analyse.

Im zuvor beschriebenen Fall gelang es der Frau leider nicht, das Feld vom Unrat zu räumen. Ihr letzter Traum: In einem großen Waschkessel kocht viele schmutzige Wäsche. Leider steht der Kessel nicht in der Waschküche, wohin er gehört, sondern mitten auf der Straße. Eine Straßenbahn kommt und fährt den Kessel um. Die Wäsche ist auf der Straße verstreut, das Feuer unter dem Kessel erloschen. Ein Neuanfang in der Analyse wäre nötig gewesen; doch dazu war die Patientin nicht mehr in der Lage. Der alte neurotische Zustand einer schweren Depression stellte sich wieder ein.

Nicht nur die Initialträume sind für die Analyse bedeutsam, wie wir gesehen haben. Sie sind nur der Anfang eines Weges, den die innere Führung mit dem Menschen in der Krise geht; der Anfang eines Weges, der ihn aus der Verwirrung herausführen und den eigenen Weg wieder finden lassen soll. Dazu ein persönliches Beispiel: Ich hatte mich für die Ausbildung in Tiefenpsychologie entschlossen. Kurz, nachdem ich angefangen hatte, erlitt mein Mann einen Schlaganfall. Eine schwierige Zeit begann: Den Kranken pflegen, das Pfarramt meines Mannes übernehmen, für die 12-jährige Tochter sorgen. Ich glaubte, die Ausbildung nicht fortsetzen zu können. Da kam folgender Traum: »Ich gehe mit meinem Mann und unserem Hund, einem großen Berner Sennenhund, auf einer Ebene dahin. Es wird schon dämmerig. Wir wollten eigentlich einen Berg besteigen. Ich sehe den hohen Berg in der Ferne links von mir. Um zu ihm zu gelangen, musste man zuerst an einer schmiedeeisernen

Pforte klingeln, damit der Pförtner das Tor öffnet und den Weg zum Berg freigibt. Ich sage traurig: ›Es hat wohl keinen Zweck mehr, jetzt den Berg zu besteigen, es ist schon zu dunkel.‹ Wir schicken uns an, weiterzugehen. Da wird unser Hund plötzlich aktiv. Er will uns zum Tor ziehen. Ich halte ihn zurück. Da reißt er mit einem Ruck das Halsband über seinen Kopf und rennt in großen Sprüngen zum Tor. Er springt am Tor hoch und zieht mit dem Maul an dem altmodischen Klingelknauf. Ich höre es klingeln und sage zu meinem Mann: ›Nun müssen wir wohl doch noch die Besteigung wagen, denn Susi hat geklingelt.‹« Mein innerer Führer hat mir nicht erlaubt, aufzugeben.

Als ich dann später von Indien aus unter großen Schwierigkeiten mein tiefenpsychologisches Studium in Zürich begann – ich war schließlich 54 Jahre alt –, kam ich mit großen Zweifeln und wenig Mut dort an. Die erste Nacht in Zürich bescherte mir einen weiteren Traum: »Ich stehe an einem Waldsee. Mitten im See blüht eine Lotusblume. Plötzlich kommt der Stiel aus dem Wasser heraus und bewegt sich auf mich zu. Als die Lotusblume beinahe vor meinem Gesicht anlangt, ziehe ich sie weiter heraus. Da kräuselt sich das Wasser an der Stelle des Sees in großen Kreisen, als ob man einen Stein hineingeworfen hätte. Ich gehe unwillkürlich in den See hinein, um nach der Ursache dieser Bewegung zu forschen. Da sehe ich, dass an dem Stiel der Lotusblume ein Mensch unter Wasser festgemacht ist. Ich trage ihn ans Ufer. Es ist meine Tochter. Sie schlägt die Augen auf und sagt: ›Mutter, hättest du mich nicht hier herausgeholt, so wäre ich unter Wasser erstickt.‹« Ich wachte getröstet auf und wusste, dass mein Weg der richtige war. – Die Tochter stellt im Traum oft die zukünftigen Möglichkeiten der Mutter dar. Der Lotus ist ein Ganzheitssymbol des Menschen, ähnlich unserer Rose. Mir war der Lotus besonders eindrücklich, weil ich in Indien lebte. Das Wasser, der See, bedeutet das persönliche Unbewusste. Meine Zukunft war also noch im Unbewussten verschlossen. Sie musste erst durch mein tiefenpsychologisches Studium erschlossen und damit zum vollen Bewusstsein befreit werden.

Als ich später noch einmal an meinem Weg irre wurde, ob ich das Ziel, das ich mir gesteckt hatte, erreichen würde oder besser aufgeben sollte, träumte ich: »Ich bin in einem KZ und habe, wie in der Realität, einen Hund und eine Katze bei mir. Da kommt der Befehl zur Deportation. Ich weiß, jetzt würde es in die Gaskammer gehen. Meine Mitgefangenen wissen das noch nicht. So helfe ich ihnen, ihr weniges Gepäck zusammenzupacken, ohne von meinem Wissen zu berichten. Mein Hund wird mir weggenommen und erschossen. Auch meine Katze darf ich nicht behalten. Ich weiß nur eines: Jetzt geht es in die Gaskammer, in den Tod.«

Schweißgebadet erwachte ich. Was soll nur der furchtbare Traum? – Da fiel mir mein Entschluss vom Vortag ein, mein Ziel aufzugeben. Ich erschrak über die Reaktion meines Unbewussten im Traum, die im Klartext lautete: Gut, dann geh nur gleich zum Sterben; denn Aufgabe deines Zieles und damit deines eigenen Weges bedeutet für dich zugleich den inneren Tod. Dieser Schreck bewirkte, dass ich meine begonnene Ausbildung in Zürich zu Ende führte.

Den Schlußtraum einer Analyse habe ich bereits dargestellt. Es ist in der Tat so, dass ich kaum einmal eine

Analyse nach eigenem Gutdünken beendigt habe. So wie eine Analyse meist mit einem Initialtraum beginnt, so wird sie auch in der Regel durch einen Schlußtraum beendigt. Nicht der Analytiker, auch nicht der Patient, sondern die innere Führung entscheidet darüber, wann eine Behandlung aufzuhören hat. Die Behandlung ist, wie gesagt, ein Weg, den Analytiker und Patient miteinander gehen – und zwar gewöhnlich in einer Krisensituation, wenn Bewußtseinsentscheidungen zu schwierig sind. Dann versucht man aus dem »Lebensbrief« die nächsten Schritte zu ersehen, man fragt nach dem eigenen Weg, nach dem inneren Gesetz, das das Leben letztlich bestimmt. Der »falsche Weg« wird erkannt, und der Mensch wird auf seinen eigenen Weg zurückgeführt. Dies geschieht in besonderen Notlagen im Rahmen einer analytischen Behandlung. Aber auch sonst, im alltäglichen Leben, macht sich die innere Führung bemerkbar, etwa durch den »dunklen Drang«, von dem Goethe spricht, oder auch durch Einfälle, Phantasien, intuitive Erkenntnisse, wie sie unter anderem in den Werken großer Künstler zu vernehmen sind. Oft sind gerade sie die besten Psychologen. – Ebenso kann der Mensch in Gebet oder Meditation lernen, auf die feine Stimme der Seele zu achten, um seinen eigenen Weg zu finden.

Die folgenden zehn Geschichten, die Erlebtes und Gehörtes wiedergeben, möchten zeigen, auf wie vielerlei Weisen Menschen in bestimmten Situationen zu ihrem eigenen Weg gefunden und ihn zu gehen gelernt haben. Sie deuten Stationen auf diesem Weg an, sind gleichsam Orientierungspunkte und Wegzeichen. Sie wollen uns helfen, auf eigene Markierungen zu achten, wie sie vielleicht in unserer Zeit besonders notwendig sind. Gleichzeitig sollen sie uns Mut machen, auch in scheinbar unüberwindlichen Schwierigkeiten nicht aufzugeben, sondern uns der inneren Führung anzuvertrauen.

Der Eid

»Ich schwöre bei Gott dem Allmächtigen, dass ich…« »Halt!«, rief eine helle bestimmte Stimme dazwischen. »Ich möchte das Gericht bitten, den Eid nicht zuzulassen.« Es war meine Mutter, die sich meldete. Stille im weiten Saal. Erstaunen. Der Anwalt raufte sich die Haare. Er hatte den Angeklagten so schlau in die Falle getrieben, dass der sich bereit erklärte, seine falsche Behauptung mit einem Eid zu bekräftigen. Und nun war alles verpatzt. Die Klägerin, sie klagte auf Armenrecht, hatte ihre eigenen Chancen vergeben.

Warum sie nur so töricht handle, fragte nun neugierig der Richter. »Weil ich es einfach nicht ertragen kann, dass der Mann vor mir und vor Gott zu einem Meineid bereit ist – und das wegen lumpiger fünfzig Mark.« – »Ja, aber für Sie bedeutet dies Geld doch ein kleines Vermögen«, meinte der Richter. »Und wenn schon, auf diese Weise möchte ich mein Geld nicht bekommen.« Die Sitzung war aus. Lächelnd verließ der Angeklagte den Saal. Auch meine Mutter mit ihrem schneeweißen Haar, das im merkwürdigen Kontrast zu dem noch jugendlichen Gesicht stand, verließ den Saal, nicht als Heldin, aber auch nicht als Märtyrerin. Sie hatte getan, was sie tun musste. So einfach war das für sie gewesen. Aber auch so schwer, wenn man 87 Mark Pension erhält und dazu drei kleine Kinder hat.

Wir waren arm, sehr arm. Mein Vater starb mit 37 Jahren an Magenkrebs. Meine Mutter blieb mit den kleinen Kindern zurück. Ich war die Jüngste, mit meiner Mutter noch in glücklicher Symbiose, nahm an allem teil, spitzte bei allem die Ohren. Ein frühreifes Kind, würde man heute vielleicht etwas tadelnd sagen. Aber das war ich nun wiederum auch nicht. Ich fühlte vielleicht, dass meiner Kindheit und dem Zusammensein mit meiner Mutter nicht allzu viel Zeit blieb. Sie starb, als ich 14 Jahre alt war, an Brustkrebs. Aber die Zeit reichte, um mir eine der wichtigsten Prägungen für ein langes schicksalreiches Leben zu geben. Das war vor allem das Problem der Wahrhaftigkeit.

Nicht, dass ich den erhobenen moralischen Zeigefinger meiner Mutter kennen gelernt hätte: Ermahnungen, immer die Wahrheit zu sagen, ja nicht zu lügen. Nein, um meine Mutter war einfach eine Atmosphäre der Wahrhaftigkeit, die jegliche Unwahrheit ausschloss. Ich kann sie nur beschreiben, indem ich an Jesu Worte erinnere: »Eure Rede sei: Ja, ja; nein, nein. Was darüber ist, das ist von Übel.« Darum ist diese Geschichte von dem Eid so wichtig für mich geworden.

Meine Mutter hatte, wie gesagt, eine kleine Pension von 86 Mark und 95 Pfennigen. Das musste für vier Personen reichen. Wenn das Geld damals auch mehr wert war als heute, so war es doch einfach zu wenig. Meine Mutter vermietete ein Zimmer und verdiente durch kleine Handreichungen etwas Geld hinzu. 30 Mark Miete bekam sie für das Zimmer. Manchmal hatte sie Glück mit den Mietern, manchmal aber auch Pech. Ein solches Unglück mit einem Mieter war auch der Anlass dieser Begebenheit.

Er war ein gewandt auftretender Mann, Reisevertreter in irgendeiner Firma. Ich sehe seine Gestalt noch undeutlich vor mir. Schon bald nach seinem Einzug zog die Angst bei uns ein. Es ging laut her in dem Zimmer bis spät in die Nacht. Gelächter mit Frauen, Fallen von Gegenständen, Geschrei, Sauferei – so erlebt man das als Kind. Meine Mutter traf es noch härter, als die Miete unregelmäßig und dann gar nicht mehr bezahlt wurde. Möbel wurden beschädigt, die geschnitzte Wanduhr, Prachtstück des Zimmers, flog in die Ecke und gab ihren Geist auf. Da nahm meine Mutter allen Mut zusammen und kündigte dem Mieter zum nächsten Ersten, im Stillen zitternd, was nun noch auf sie zukommen könnte.

Der Erste kam, der Mieter zahlte, aber bat in süßen Worten, doch noch einen Monat bleiben zu dürfen, da er noch kein anderes Zimmer bekommen hätte. Er würde auch freiwillig fünf Mark mehr zahlen und die beschädigten Gegenstände reparieren lassen. Der Schaden betrug etwa fünfzig Mark, eine beachtliche Summe, wenn man an die monatliche Pension denkt. Schweren Herzens stimmte meine Mutter zu. Der Monat verging, nichts rührte sich wegen der Reparaturen, der Erste kam, aber der Mann gab meiner Mutter wiederum nur 30 Mark; jede weitere Zusage stritt er ab. Meine Mutter könne ihn ja verklagen. Die einbehaltenen Sachen löste er dadurch aus, dass er die strittigen 50 Mark bei Gericht hinterlegte. Hohnlachend zog er ab.

Meine Mutter war noch nie in ihrem Leben auf dem Gericht gewesen, aber nun glaubte sie doch um ihrer Kinder willen das geschuldete Geld einklagen zu müssen. Sie verklagte den Mann auf Armenrecht. Für mich hatten diese

Gänge zum Gericht nur den Vorteil, dass ich in einem Schokoladengeschäft nahe dem Amtsgericht abgesetzt wurde. Eine freundliche Frau passte auf mich auf, und manchmal fiel für mich ein Schokoladenplätzchen dabei ab. Ich erfuhr dann durch die Gespräche der Erwachsenen, was sich in jenem großen Haus, dem Gericht, abgespielt hatte.

Die Dinge schienen nicht schlecht zu laufen, meinte der Anwalt. Meine Mutter hatte einen vertrauenswürdigen Eindruck gemacht, aber dann kam der vorher geschilderte Clou. Meine Mutter verdarb sich selbst alle Chancen. Der Angeklagte beteuerte mit Nachdruck, nie dieser Frau fünfzig Mark versprochen zu haben. Er habe keine Gegenstände beschädigt und sei darum auch nicht zur Zahlung verpflichtet. Das sei nur der übliche Trick, mit dem gerissene Vermieterinnen ihre Mieter zu erpressen versuchten. Er erklärte sich bereit, dies mit einem Eid zu bekräftigen. Und dann kam der unsinnige Einspruch meiner Mutter. Kopfschüttelnd schloss der Richter die Verhandlung, meine Mutter hatte den Prozess verloren, und nun bestand der Angeklagte darauf, dass ihm 50 Mark für Zeitausfall, Fahrgeld et cetera bezahlt werden sollten. Für diese Zahlung wurde eine Frist festgesetzt.

Tief bedrückt kam meine Mutter nach Hause. Sie war nicht nur persönlich getroffen, auch in ihrem Glauben sehr angeschlagen. Ihr Lieblingspsalm war Psalm 73; er wurde ihr in dieser Situation besonders konkret. »Ich aber hätte schier gestrauchelt mit meinen Füßen, mein Tritt wäre beinahe geglitten. Denn es verdross mich der Ruhmredigen, da ich sah, dass es den Gottlosen so wohl ging.«

Und dann rückte der verhängnisvolle Tag der Zahlung

heran. Tags zuvor gingen meine Mutter und ich noch einmal in die Stadt, um irgendwelche Besorgungen zu machen. Da grüßte ein mir unbekannter Herr meine Mutter. Sie blieben einen Augenblick stehen, der Herr erkundigte sich nach dem Befinden meiner Mutter. Aber da brach etwas Unvorhergesehenes bei meiner Mutter hervor. Sie hatte ja außer uns kleinen Kindern niemanden, mit dem sie hätte sprechen können. Sie schüttete diesem Mann ihr Herz aus und erzählte, was ihr geschehen war und was ihr morgen bevorstünde. Mittlerweile hatte ich den Mann erkannt. Er war der Besitzer eines großen Herrenmodesalons. Ich hatte oft vor den Schaufenstern gestanden, in denen auf Puppen elegante Herrenjacketts zu sehen waren. Sein Name galt etwas in meiner Heimatstadt.

Er hörte geduldig und mitfühlend zu. Aber je weiter meine Mutter erzählte, desto gespannter wurde sein Gesicht. Schließlich fragte er: »Wie heißt der Mann?« Als meine Mutter den Namen gesagt hatte, hellte sich sein Gesicht auf. »Oh«, sagte er, »das werden wir gleich erledigen. Kommen Sie nur schnell mit, damit wir es offiziell machen können.« Meine Mutter war fast in Trance, als sie mich mit sich zog, um den Herrn zu begleiten. Er berichtete ganz nüchtern: »Ihren Mieter kenne ich genau. Er hat bei mir drei elegante Maßanzüge bestellt und auch bekommen, obwohl er nur eine Anzahlung geleistet hat. Ich wollte mir das gute Geschäft nicht entgehen lassen, denn der Mann wirkte zunächst außerordentlich vornehm und gediegen. Aber nun weiß ich, dass ich meine Rechnung in den Rauch schreiben kann. Der Mann ist nichts und besitzt nichts. Auch eine Klage würde da nichts bringen, denn ›wo nichts ist, hat der

Kaiser sein Recht verloren‹.« Und er fuhr fort: »Wenn ich schon nichts bekomme, sollen wenigstens Sie einen kleinen Nutzen davon haben. Ich werde Ihnen von meiner großen ausstehenden Forderung die fraglichen 50 Mark Ihrer Schuld abtreten. Der Notar wird gleich alles Rechtliche erledigen.«

Wir gingen zum Notar. Meine Mutter erhielt ein kleines Stück Papier, das sie anstelle der 50 Mark bei Gericht abgeben konnte, und so war sie von ihrer Schuld befreit.

Wir gingen wie im Traum nach Hause und ahnten wenig davon, dass der »Traum« noch nicht einmal zu Ende war. Als wir uns am folgenden Tag zum Fortgehen fertig machten, klingelte es, und herein trat, genau wie im Märchen, unser Geldbriefträger. Er zählte meiner Mutter 50 Mark auf den Tisch und gab ihr den Postabschnitt. Das Geld kam aus Berlin, wir aber hatten weder Verwandte noch Bekannte dort und vor allem niemand, der uns 50 Mark hätte schicken können oder auch nur von dieser Sache gewusst hätte. Auf dem Abschnitt stand: N. N. Es kommt von oben. Auf der Rückseite stand: »Was ihr getan habt einem der geringsten meiner Brüder, das habt ihr mir getan.« – Es konnte natürlich sein, dass irgend jemand eine alte Dankesschuld abgetragen hatte. Aber warum gerade an diesem Tag? So perfekt pflegt die Post doch gewöhnlich nicht zu arbeiten. Normalerweise registrieren wir nur Verspätungen. Und nun diese merkwürdige Pünktlichkeit. Diese Zahlung kam jedenfalls gerade zur rechten Zeit, sie deckte nämlich die fälligen Kosten für die Reparatur der beschädigten Sachen.

Wie soll man solch ein Ereignis verstehen? Fromme Leute werden es wohl als Wunder deklarieren, denn Gott tut Wunder. – Säkulare Menschen werden wohl sagen: Zu schön, um wahr zu sein! Das ist eben ein seltener Zufall. Doch befriedigen kann diese Antwort auch nicht. Schließlich ist der Begriff »Zufall« nur eine Beschreibung, keine Erklärung.

Jung hat sich während seines ganzen Lebens, besonders in den späteren Jahren, sehr eingehend mit dem Begriff »Zufall« beschäftigt, besonders mit der Frage: Wohnt dem Zufall auch eine gewisse Gesetzmäßigkeit inne, die dem Gesetz der Kausalität bei den exakten Wissenschaften vergleichbar wäre? In einem vielbeachteten Aufsatz aus dem Jahre 1950 hat er sich dieses Problems besonders angenommen. Der Aufsatz heißt: »Synchronizität als ein Prinzip akausaler Zusammenhänge«. Die darin ausgesprochene These lautet: »Das Kausalprinzip sagt aus, dass die Verbindung von *Kausa* und *Effektus* eine notwendige sei. Das Synchronizitätsprinzip sagt aus, dass die Glieder einer sinngemäßen Koinzidenz durch *Gleichzeitigkeit* und durch den *Sinn* verbunden seien.«

Jungs Aufmerksamkeit wird also auf solche Erlebnisse des Menschen gelenkt, die ohne kausale Abhängigkeit voneinander *synchron*, d. h. gleichzeitig geschehen und sich in diesem gleichzeitigen Ablauf als sinnvoll für den Erlebenden erweisen. Hierbei interessiert also vor allem die Frage, *wem* etwas geschieht und *in welcher Situation*. Was die Situation anlangt, so handelt es sich beobachtungsgemäß gewöhnlich um eine Krisensituation des Menschen. Hierher gehören nach Jung etwa astrologisch bedingte Erlebnisse, aber auch das ganze, heute Parapsychologie genannte Gebiet mit seinen vielfachen Phänomenen, zum Beispiel der Gedankenübertragung, des Hellsehens, der Psychokinese.

In Blick auf die oben erzählte Geschichte müsste man die Erfahrung meiner Mutter als synchronistisches Erlebnis bezeichnen. Die krisenhafte Situation, in der meine Mutter ohne Rücksicht auf äußeren Vorteil an dem Wert der Wahrhaftigkeit fest hielt, hätte die als Wunder erscheinenden synchronistischen Phänomene gewissermaßen hervorgerufen. Allgemeiner ausgedrückt: *Auch die Psyche eines Menschen kann Dinge in der Außenwelt bewegen*.

Vielleicht hört sich das für viele Menschen ebenso märchenhaft an wie die Geschichte selbst. Mir persönlich ist diese Erklärung aber so einleuchtend geworden, weil sie mir ein Wort Jesu in neuer Dimension erschlossen hat. Ich meine das Wort von der »Berge versetzenden Macht des Glaubens«. Schon mancher hat sich an diesem Wort gestoßen. Das kann doch nicht so wörtlich gemeint sein. Was ist denn das für ein Glaube, der zum Wundertäter wird? –

Jesus sagt in diesem Wort einfach: »Wenn ihr Glauben hättet wie ein Senfkorn … « Er sagt nicht: Wenn ihr Glauben an mich oder an Gott hättet, dann wäre eben Jesus oder Gott der eigentliche Wundertäter. Nein, es heißt »ihr« und einfach »Glaube«. Unter »Glauben« im hier gemeinten Sinn ist in meinen Augen die besondere Haltung eines Menschen zu verstehen, die auch und gerade in der Krise ihren eigenen Weg geradlinig geht, unbeirrt vom Bangen um Verlust oder Erfolg auf eben diesem Weg. Ein Mystiker drückt diese Haltung in dem Vers aus: »Gott hat die Gradheit selbst ans Herz genommen; auf gradem Weg ist niemand umgekommen.« Wie viele Menschen sind es schon, die eine solche Haltung einnehmen? Weil sie so selten sind, darum kommen auch bedeutsame synchronistische Phänomene dieser Art relativ selten vor.

Allerdings, so wichtig solche Erfahrungen als Modelle für eigenes Handeln werden mögen, kann doch niemand den Glauben eines anderen übernehmen. Jeder muss die Verantwortung für sein Handeln selbst tragen. Meine erste eigene Bewährungsprobe kam für mich im Alter von 13 Jahren. In jener Zeit hatte die Ruhrbesetzung durch die Franzosen stattgefunden. Der darauf folgende Generalstreik brachte Hunger und Kälte. In einer großen deutschen Aktion wurden die Kinder aus dem besetzten in das unbesetzte Gebiet Deutschlands gebracht. Wir waren die so genannten »Ruhrkinder«. Ich kam zu einer sehr freundlichen Familie, die im Südharz lebte. Aus den vorgesehenen vier Wochen wurden zu meinem Leidwesen fünf Monate. Ich ging zwar dort auch zur Schule und hatte es gut, aber ich war heimwehkrank, zumal ich erfuhr, dass sich die Brustkrebserkrankung meiner Mutter verschlechtert hatte, und ich ständig in der Angst lebte, dass ich meine Mutter vielleicht nie mehr wieder sehen würde.

Aber dann kam der Augenblick, da es sich zeigen sollte, ob die empfangene Prägung zur Wahrhaftigkeit tatsächlich auch bei mir Wurzel geschlagen hatte, anders ausgedrückt, ob die »wunderbare« Geschichte meiner Mutter eine Fortsetzung unter eigener Regie erhalten würde.

Eines Sonntagnachmittags machten wir, d. h. meine Gastgeberfamilie mit ihren beiden Kindern und mir, einen Ausflug zum Kyffhäuser; das war ein beliebter Ausflugsort, zu dem wir noch mit Kutsche und Pferden, für ein Stadtkind ein besonderes Erlebnis, zu fahren pflegten. Wir tranken dort Kaffee, und dann durften wir Kinder spielen und uns austoben. Wir untersuchten zunächst die nähere, dann die weitere Umgebung und interessierten uns für die geparkten Autos der Besucher. Damals waren Autofahrten noch nicht so selbstverständlich wie heute. Ha, ein Auto war offen! Wir natürlich hinein. Wir hopsten und sprangen, und plötzlich machte es krach! – Auf dem Fahrersitz hatte eine Brille gelegen, und die war nun leider zerbrochen. Erst betretenes Schweigen, und dann stob alles davon, natürlich auch ich. Aber je näher ich unserem Tisch kam, desto schwerer wurde es mir zumute. Ein kurzes Überlegen, doch dann drehte ich mich entschlossen um, ging zurück zum Auto und stellte mich daneben auf. Schließlich kam der Besitzer und wollte einsteigen. Da sah er mich neben seinem Auto stehen und fragte erstaunt: »Was machst du denn hier?« Ich wurde glutrot, ich spürte es förmlich. Schließlich sagte ich entschlossen: »Ich möchte mich entschuldigen, ich habe Ihre Brille zerbrochen.« Es entstand ein Schweigen, das für mich vielleicht schicksalhaft war. Hätte der Mann nun geschimpft oder mich gar geschlagen, so hätte meine Wahrheitsliebe vielleicht sehr bald Schiffbruch erlitten. Er sah mich jedoch an und bedeutete mir: »Das ist aber schön von dir, dass du mir das gesagt hast. Nun spring nur!« Ich rannte erleichtert davon. Ich hatte zum ersten Mal bewusst den Mut zum eigenen Weg bewiesen.

Das Brot auf der Fensterbank

»Mutta, kann der liebe Gott wohl auch ein Brot auf unsere Fensterbank legen?« So fragt die Sechsjährige ihre Mutter auf dem Spaziergang. Das war 1917, im größten Hungerjahr des Ersten Weltkrieges. Wie wir dort im Ruhrgebiet gehungert haben, das kann man sich heute kaum mehr vorstellen. Sicher, auch zu uns dringen über das Fernsehen Bilder von hungernden Kindern in Entwicklungsländern, Bilder, die viele kalt und unberührt lassen. Es sind Bilder aus der Ferne, die sich in einer Wohlstandsgesellschaft wie der unseren kaum mehr mit eigenem Erfahren und Erleben decken. Doch bis heute rufen sie in mir Stationen der eigenen Lebensgeschichte wach: Angesichts der fernen Bilder kann ich dieses Gefühl von Leere und Hunger wieder nachempfinden. Solche Kindheitserlebnisse verlassen einen nie, besonders wenn man Ähnliches später noch einmal durchleben musste, im Hungerjahr 1947/48. Meine Tochter schaute mich oft erstaunt an, wenn ich später erklärte: »Weißt du, jedes Mal, wenn ich ein Halbpfundstück Butter in die Butterschale lege, empfinde ich große Dankbarkeit. Das war nämlich damals, 1947, die Monatsration für einen Erwachsenen.«

Also damals, 1917, bekamen wir zwei Schnitten Brot pro Person je Tag. Wir Kinder konnten uns dann aussuchen, ob wir dieses Brot lieber in der Schule oder zum Abendbrot essen wollten. Ich hatte sehr schlechte Zähne, denn die zweiten Zähne kamen gerade in dieser Zeit heraus und waren bereits unterentwickelt und faul. Darum konnte ich die harten Rinden des Brotes nicht recht beißen und brachte sie aus der Schule nach Hause. Vor dem Haus stand der pfiffigere Bruder und fragte: »Hast du Krusten?« Und schon stopfte er sie in den Mund. Auf dem Treppenabsatz unseres Hauses stand der zweite Bruder und fragte: »Hast du Krusten?« Nein, die waren schon vergeben. Oben kochte Mutter das Steckrübenessen und wartete ebenfalls auf mich. Sie gab wohl meist ihr Brot uns, indem sie die Scheiben etwas dicker schnitt und dachte: »Hanna bringt ja die Krusten mit!« Aber da waren schon zwei junge hungrige Wölfe auf der gleichen Spur gewesen.

Auf einer kleinen Reise zu einer Beerdigung kamen Mutter und ich nach Köln. Ich hatte gehört, dass man dort Tauben füttern konnte. Ich hob mir darum eine Schnitte Brot auf; Kinder leben eben auch nicht vom Brot allein. Das verstand meine Mutter zum Glück. Ich fütterte die Tauben am Dom und jauchzte, wenn sie mir auf die Hand flogen oder sich sogar auf meine Schultern setzten. Leute blieben stehen, es war wohl ein liebliches Bild, das kleine Mädchen und die Tauben. Da löste sich aus dem Kreis der Menschen ein gut angezogener Herr, trat auf mich zu und sagte: »Liebes Kind, die harten Rinden essen die Tauben doch nicht. Gib sie doch bitte mir, ich habe auch solchen Hunger.« Erschrocken reichte ich ihm die Krusten; er steckte sie in den Mund und ging fort. Kopfschüttelnd zerstreuten sich die Menschen. Diese Erlebnisse bilden den Hintergrund meiner nun folgenden Geschichte.

Es war wieder einmal ein solcher Hungertag. Aber irgendwie unterschied er sich von anderen Tagen. Es war Sommer, und meine Mutter nahm mich mit auf einen Spaziergang. Sie versuchte mich durch Geschichtenerzählen vom Hunger abzulenken. Und wie konnte meine Mutter erzählen! Viele von den selbsterdachten Geschichten habe ich bis heute nicht vergessen. Doch an jenem Tag hatte sich mein Kopf etwas anderes vorgenommen. Mitten in die Geschichte hinein platzte die Frage: »Mutter, kann der liebe Gott nicht auch ein Brot auf die Fensterbank legen?« Mutter war verdutzt. »Ja, kann er oder kann er nicht?« – »Ja, natürlich kann er, aber ob er es tut?« – »Ja; warum sollte er es denn nicht tun, wenn er kann?« – Ja, warum wohl nicht? – Eine uralte Menschheitsfrage: Wenn er kann und es doch nicht tut? – Wo bleibt dann der Abba, das »Väterchen«, also der Gott, von dem uns das Evangelium berichtet?

Entschlossen versuchte meine Mutter mich von dem Thema abzulenken. »Hör doch zu, ich erzähle weiter… « – »Aber Mutter, denk mal, wie wäre das, wenn oben auf der Fensterbank ein Brot läge?« – »Oh, das wäre sicher schön, aber hör doch erst mal, wie die Geschichte weitergeht.« Kurzes Schweigen, und dann: »Mutter, wollen wir nicht doch lieber nach Hause gehen und nachsehen, ob vielleicht nicht doch ein Brot auf der Fensterbank liegt?«

Es war alles vergebens. Keine Ablenkungsmanöver halfen. Mutter entschloss sich schweren Herzens, umzukehren und nach Hause zu gehen. Je näher wir unserem Haus kamen, desto eifriger und gespannter wurde ich. Schließlich lief ich voraus, rannte so schnell ich konnte die Stufen hinauf – es waren 75, ich habe sie oft gezählt. Langsam folgte meine Mutter. Nun kam die letzte Treppe, ich schaute um die Ecke und – da lag das Brot auf der Fensterbank, ein schönes, dunkles, hartgebackenes Brot. Ich sehe es noch heute vor mir. Mit einem Freudenjauchzer riss ich das Fenster auf, hielt das Brot hoch in den Händen hinaus und rief: »Martin, Gerhard, Kaffeetrinken!« So sagte man bei uns, wenn es auch nur der bekannte Muckefuck war, wie ihn der Volksmund nannte. Also hatte Gott doch das Brot auf die Fensterbank gelegt?

Für mich damals ja. Ich hatte es ja nicht anders erwartet, nur meine Mutter wollte es nicht glauben. Natürlich klärte sich die Sache ganz einfach auf. Eine etwas glücklichere Familie hatte ein Brot übrig. Das gab es sogar damals. Die Tochter arbeitete nämlich auf einem Büro, in welchem Lebensmittelkarten verteilt wurden, und erhielt manchmal eine Extra-Brotmarke. Da kam ihnen der Gedanke: Wen können wir wohl mit einem Brot beglücken? Sie dachten an uns, an die drei Kinder. Die Tochter nahm das Fahrrad und brachte das Brot. Leider war niemand zu Hause; sie hatte aber weder Bleistift noch Papier. So legte sie das Brot einfach auf die Fensterbank und fuhr davon. Also so einfach war das.

Vielleicht verstehen wir nun besser, was Jesus meint, wenn er ein Kind in die Mitte stellt und sagt: »Wenn ihr nicht umkehrt und werdet wie die Kinder, so werdet ihr nicht ins Himmelreich kommen.« – Nur ein Kind kann so selbstverständlich glauben, erwarten, engagiert sein, ganz einspitzig im Wünschen und Wollen. »Trachtet zuerst nach dem Reich Gottes und seiner Gerechtigkeit, so wird euch das alles zufallen.« So lesen wir es in der Bergpredigt bei

Matthäus. Für mich war das Brot das Himmelreich. Daran hing mein ganzes Wünschen und Denken zu jenem Zeitpunkt. Das aber ist das Fundament, auf dem Wunder geschehen können.

Psychologisch betrachtet haben wir auch hier ein synchronistisches Phänomen vor uns. Zwei Dinge treffen zusammen, die eigentlich gar nichts miteinander zu tun haben: Die guten Gedanken der Familie, die das Brot bringt, und der Glaube eines hungrigen Kindes, der an einem bestimmten Tag seines Lebens dem Anschein nach Unmögliches erwartet. Die Linien kreuzen sich. Im Schnittpunkt liegt das Brot. Wer hat denn nun eigentlich das Unmögliche möglich gemacht? War es das Kind, sein »Berge versetzender Glaube«? Oder war es die Mutter, die im Anblick des hungernden Kindes Kräfte in Bewegung setzte, die das sehnlichst erwartete Brot »herbeizauberten«?

Wer kann schon in die dunkle Tiefe der Seele blicken? Für die meisten Menschen wird auch hier wieder der »Zufall« als Erklärung angesehen. Jung, für den die ganze Wirklichkeit ein dynamisches Geschehen ist, vertritt den Grundsatz: »Wirklich ist, was wirkt.« Für die Traumdeutung bedeutet das: Ein Traum ist dann richtig gedeutet, wenn er beim Träumer Wirkungen hervorbringt, wenn sich im Leben des Träumers durch den Traum etwas verändert. Auf unsere Geschichte bezogen heißt das, dass nur das kleine Mädchen sagen kann, was das Erlebnis bedeutet, nämlich was es für es selbst bedeutet. Es hat erfahren, dass Wünschen mit ganzer Seele tatsächlich Erfolg haben kann, dass etwas im Leben in Bewegung gesetzt wird.

Insofern war dieses Erlebnis ein Meilenstein in seiner

Entwicklung. Was immer die großen vernünftigen Leute sagen mochten, das Kind hatte ein Geheimnis entdeckt: das Geheimnis des Berge versetzenden Glaubens.

Ein schicksalsschwerer Traum

Der Erste Weltkrieg war vorbei, doch waren damit noch nicht unsere Schwierigkeiten zu Ende. Ich hatte einen weiten Schulweg, über eine Stunde mit der Straßenbahn. Dann kamen die Streiks, der Einmarsch der Kommunisten, deren Flucht und der Einmarsch der Reichswehr. Das alles spielte sich in und vor unserem Hause ab, denn wir wohnten in einer Schule außerhalb der Stadt, die mal von den einen, mal von den anderen Kämpfern besetzt wurde. Die Schule war nur zweiklassig, meine Mutter verdiente als Hausmeisterin das Zubrot, weil die Pension für vier Personen nicht ausreichte. Im Winter stand sie vor der Tür und hackte Holz, scheuerte die Dielen der Klassenräume, heizte die beiden großen Kanonenöfen vor Beginn des Unterrichts und sah nach allem. Im Sommer grub sie das Gärtchen um für unsere vier Hühner. Jedes Kind besaß ein Huhn und durfte das jeweils fällige Ei essen. Daneben schnupperten unsere Kaninchen am Grünkohl, den Mutter speziell für sie gepflanzt hatte. So wurden wir Kinder zu Tierfreunden. Mutter kam ja aus einem Forsthaus und freute sich, für uns wenigstens ein Huhn und ein Kaninchen halten zu können. Das versüßte auch ihr die kaum glaublich erscheinende Schwerarbeit.

Aber dann nahte die Katastrophe. Es war mein Vorrecht

als der Jüngsten, am Sonntagmorgen noch einen Augenblick zu Mutter ins Bett schlüpfen zu dürfen. Da hatten wir eine ruhige halbe Stunde, um alles, was in der Woche ungesagt geblieben war, nun aussprechen zu können. Ein Sonntag im Jahre 1920, also vor über 50 Jahren, ist mir unvergesslich geblieben. Zuerst war es, wie es immer zu sein pflegte. Ich schlüpfte ins Bett, und wir erzählten. Dann meinte Mutter etwas bedenklich: »Ich glaube, ich muss doch bald mal zum Arzt gehen.« – »So, bist du krank, was fehlt dir denn?« – »Ja, es wird wohl nichts Ernsthaftes sein. Schmerzen habe ich nicht, aber an der linken Brust ist irgend etwas nicht in Ordnung. Es ist schon besser, man lässt einmal nachsehen.«

In dem Augenblick erschrak ich: »Mutter, das habe ich heute Nacht geträumt!« Kinder träumen ja auch und sogar viel und Bedeutsames. Jung hat ein ganzes Seminar über Kinderträume gehalten. Allerdings vergessen Kinder auch leicht, und das ist durchaus in Ordnung. Wenn aber ein Traum behalten wird, so spielt er wahrscheinlich auch für später eine wichtige Rolle. Man behält solch einen Traum gewöhnlich das ganze Leben. Viele Patienten haben mir schon ihren Kindertraum erzählt. Ein 60-Jähriger erzählte mir lachend: »Stellen Sie sich vor, ich erinnere mich jetzt noch an meinen ersten Traum in der Kindheit. Er war nämlich so lustig. Ich war damals etwa fünf Jahre alt und träumte, ich hätte ein Brüderchen bekommen. Ich wartete dann immer so sehr auf das Brüderchen, sehnsüchtig, denn ich war einziges Kind. Aber leider Fehlanzeige, meine Mutter hat kein Kind mehr und ich kein Brüderchen bekommen.« Ich lachte ebenfalls, aber mir war der Traum eine Offenbarung. Ich hatte mich schon oft gefragt, wann wohl beim Menschen der »Schattenbruder« geboren wird, die dunkle Seite in uns, die verdrängte, die abgelehnte, die dann später im Leben so oft zum Schicksal des Menschen wird. Jetzt wusste ich es, jedenfalls in diesem besonderen Fall. Mit etwa fünf Jahren wurde tatsächlich diesem Mann ein Brüderchen geboren, der zugleich liebster Freund und bösester Feind sein kann. Also auch dies ein Kindertraum von hoher Bedeutung, obwohl der Träumer selbst sich dieser Tatsache nicht bewusst war.

Wahrscheinlich hätte ich meinen Traum vergessen, wenn meine Mutter mir nicht diese Mitteilung gemacht hätte. »Was hast du denn geträumt?«, fragte sie mich. »Ich habe deine linke Brust gesehen und in ihr zwei blutige Löcher.« – Ein schlimmer Traum, müsste man eigentlich sagen, gar nicht kindlich, und doch ist er für mich sehr wichtig geworden. Meine Mutter ging zum Arzt. Es wurde Brustkrebs festgestellt. Man würde einen solchen Traum heute als Telepathie und Präkognition bezeichnen, also ein parapsychologisches Geschehen. Was er aber für mein Leben bedeutet hat, steht auf einem anderen Blatt.

Damals waren die Heilmöglichkeiten der Krebserkrankung noch geringer als heute. Eine Operation führte meist zum Tode. Nichtoperieren führte ebenfalls zu einem qualvollen Tod, nur dauerte das Leben ein bisschen länger. Ein Todesurteil war es auf jeden Fall. Meine Mutter hat damals eine ganz bewusste Entscheidung getroffen. Sie fragte den Arzt, wie viel Zeit ihr wohl bliebe, wenn sie sich nicht operieren lassen würde. Er meinte, etwa vier Jahre, da sie ja sonst kräftig und gesund sei. Sie überdachte den Tatbestand: Ich war zehn Jahre alt, vier Jahre später wäre ich vierzehn, also konfirmiert, mit einem gewissen Schulabschluss und damit, so meinte sie, der Selbstständigkeit schon etwas näher. So wählte sie den längeren Krankheitsweg. Und was bedeutete das für mich?

Zunächst war es ja die Entscheidung meiner Mutter. Aber ich durfte sie auf ihrem Weg begleiten, solange sie da war. Und ich erlebte ein Sterben, das mir die Angst vor dem Tod genommen hat. Wir wussten beide, seit meinem Traum, dass sie todgeweiht war. So lebten wir die letzten vier Jahre – es wurden tatsächlich vier Jahre sub specie aeternitatis, im Angesicht der Ewigkeit, wie man es wohl nennen darf.

Ich fragte sie manchmal, wie eben Kinder fragen: »Hast du denn keine Angst vor dem Tod?« Sie nahm mich in den Arm und sagte: »Ich will dir genau sagen, wie das ist. Du weißt doch, wie es bei uns immer zu Weihnachten ist. Ich bin im Weihnachtszimmer und mache alles fertig, lege die Geschenke hin und zünde die Kerzen an. Ihr sitzt derweilen draußen im Dunkeln und wartet, dass das Weihnachtsglöckchen erklingt. Und dann geht die Tür auf, und ihr tretet in das Weihnachtszimmer ein. Sieh, so ist das mit dem Tod. Ich warte nur darauf, dass das Glöckchen erklingt.«

Wenn man das so erzählt, mag sich alles etwas rührselig anhören. Aber damals klang es durchaus nicht so. Meine Mutter war eine nüchterne und sehr realistische Frau, so lebte sie, und so starb sie. Am letzten Tag hatte sie, was man medizinisch eine Euphorie nennt. Sie war nach mehreren Wochen der Bewusstlosigkeit, die das viele Morphium mit sich bringt, voll und ganz da. Sie wollte sitzen, etwas essen und mit mir alles Notwendige besprechen. Sie bestimmte Text und Lieder für die Beerdigung, wies mich auf die verschiedenen Lebensversicherungen hin und diktierte die Namen der zu Benachrichtigenden. Als alles geordnet war, meinte sie: »Jetzt haben wir noch etwas Zeit für uns.« Und so verbrachten wir ihre letzten Erdenstunden miteinander auf eine Weise, die ich nie vergessen werde. Dann bat sie mich, sie bequemer hinzulegen und schlief ein. Ich saß bei ihr, bis ihr Atem erlosch.

Ich war kurz zuvor vierzehn geworden und gerade in die Pubertät gekommen. Vielleicht ist darum dieses Jahr so besonders eindrucksvoll geworden. Ich erlebte das Ende meiner Mutter als das Ende eines eigenen Weges mit allen Krisen und Komplikationen, die eben ein hartes Leben mit sich bringt. Ich war ein Kind mit viel Heimweh und habe mich danach gesehnt, wenigstens von ihr träumen zu dürfen, aber der Wunsch wurde mir nicht erfüllt. Ich musste erst sehr alt werden, um zu begreifen, dass diese Tatsache eigentlich ein Kompliment für meine Mutter war. Sie hatte alles daran gesetzt, mich zeitig selbstständig zu machen. Mein Traum hatte ihr bewusst gemacht, wie wenig Zeit ihr dazu blieb! Und es scheint ihr gelungen zu sein. Heute weiß ich als Psychotherapeutin, dass häufiges Träumen von Mutter oder Vater Zeichen von Unselbstständigkeit, Abhängigkeit und vielleicht sogar Mangel an Verantwortung sind. Man nennt das in der Fachsprache Vater- oder Mutterbindung.

Die Mutter ist nicht wieder zu mir gekommen, auch im Traum nicht. Auf die einzige Ausnahme kommen wir später zu sprechen, das ist eine besondere Geschichte. Der Eindruck aber, dass sie vielleicht doch im Weihnachtszimmer wohnt, ist geblieben.

Mutters Umschlagtuch

Seitdem Erikson den Begriff »Urvertrauen« in die Psychologie eingeführt hat, taucht dieses Wort häufig in den psychotherapeutischen Sitzungen auf. Man ist vielfach erschrocken, will mehr darüber wissen. Woher kommt ein solches Vertrauen? Ist es wirklich für mein ganzes Leben so wichtig? Kommt vielleicht daher meine Krankheit? Was mache ich, wenn ein solches Urvertrauen bei mir nicht vorhanden ist?

In der Tat, es ist wichtig. Erikson hat nachgewiesen, dass das so genannte Urvertrauen etwa im 8. Lebensmonat des Kindes ausgebildet wird. Natürlich tragen die Eltern, vor allem die Mutter, dazu bei, dass es sich überhaupt entwickeln kann. Nach allem, was wir wissen, bedeutet es viel für das weitere Leben des Kindes: Standfestigkeit in Krisen, Vertrauen ins Leben, Durchhaltevermögen in Schwierigkeiten, Mut selbst auf verloren scheinendem Posten. – Und wenn man kein Urvertrauen hat entwickeln können, was tut man dann? Sind solche Menschen schon dadurch von vornherein zum Scheitern verurteilt? Lohnt es sich in diesem Fall überhaupt noch, Arbeit und Mühe auf sich zu nehmen? Oder bringt es nichts mehr?

So etwa hören sich die Fragen nach der Bedeutung des Urvertrauens in Gesprächen mit Patienten an. Was soll man darauf antworten? Wie einen so entscheidenden Begriff allgemein verständlich machen? – Ich tue das aufgrund meiner Lebenserfahrung auf meine Weise: Urvertrauen, so meine ich, ist das Umschlagtuch meiner Mutter. Diese einfache Auskunft mag überraschen. Aber sie steht im Zusammenhang mit einer bestimmten Episode während meiner Kindheit.

Es war schon davon die Rede, dass ich damals einen weiten Schulweg hatte. Wir erlebten einen schlimmen Winter. Der Krieg war eben erst vorüber; doch Hunger und Kälte verfolgten uns weiterhin. Ich fürchtete mich jedes Mal vor dem Augenblick, da ich aus der Straßenbahn aussteigen und den Rest des Heimwegs zu Fuß antreten musste. Der Weg ging über eine unbewohnte und ungeschützte offene Anhöhe, über die der Wind brauste und mir den Schnee ins Gesicht blies. Vornübergeneigt stemmte ich mich dem Wind entgegen, und wenn ich Glück hatte, war ich nach zwanzig Minuten zu Hause.

Manchmal geschah aber das Unerwartete. Ich sprang aus der Straßenbahn, und ehe ich mich versah, direkt unter das Umschlagtuch meiner Mutter. Das Wetter war zu schlecht, meine Mutter war mir entgegengekommen und saß auf einem Stein gegenüber der Haltestelle der Bahn. Die Bahn hielt, meine Mutter öffnete das Umschlagtuch, das sie über den Mantel geschlungen hatte, und ich sprang trotz schneidender Kälte hinein in die Wärme, die auf mich wartete. Als ich viel später beim Studium der Psychologie den Begriff »Urvertrauen« kennen lernte, fiel mir sofort als Assoziation »Mutters Umschlagtuch« ein. In vielen Schwierigkeiten tut es sich gleichsam für uns auf und lädt zum Eintreten ein.

Natürlich sieht das Umschlagtuch der Mutter bei allen Menschen verschieden aus; aber es verfehlt im Leben nie seine Wirkung. Manchem meiner Patienten fiel im Gespräch ein eigenes Erlebnis innerer Geborgenheit aus seiner Kindheit ein, und er wusste auf einmal wieder, wie man den konkreten Schwierigkeiten begegnen müsste.

Was aber, wenn man wirklich kein »Umschlagtuch« hat, beim besten Willen sich nur an schlimme, bedrohliche Dinge zu erinnern vermag, was dann? – Ich habe von dem Mann erzählt, der nachts nicht Auto fahren konnte, der aber träumte, dass eine Autolampe von rechts oben nach links unten leuchtete, also das dunkle Unbewusste erleuchten wollte. Dieser Mann war ein solcher Mensch, der beim besten Willen nichts besaß, was ihn von innen her hätte tragen können. Er war ein uneheliches Kind gewesen. Die junge Mutter hatte das Kind in der Entbindungsklinik zurücklassen müssen, weil die Eltern sie nur ohne Kind aufnehmen wollten. Der Kleine wurde allerdings sofort von einem Ehepaar adoptiert, die ihm ein Zuhause und eine gute Erziehung gaben. Leider versäumten sie, den Jungen zu gegebener Zeit über seine Herkunft behutsam aufzuklären. Das erwies sich später als fatal. Hitler hatte inzwischen die Macht erobert: Alle Abiturienten mussten ihre arische Abstammung nachweisen, ehe sie zur Prüfung zugelassen wurden. So kam die ganze Geschichte heraus. Die Vergangenheit holte den Jungen ein und stürzte ihn in einen Abgrund. Also, so stand es mit ihm, er war ein »Wegwerfkind«, aus Gnade am Leben gehalten. Jetzt zählten für ihn nicht mehr die Freundlichkeit der Adoptiveltern, nicht die großen Möglichkeiten seiner Ausbildung. Nur der Begriff »Wegwerfkind« bohrte sich in ihm fest. Wie kann man da noch von Urvertrauen, von Geborgenheit und Selbstvertrauen sprechen?

Wir haben lange über dies Problem gesprochen, Träume zu verstehen gesucht und uns über Sinn und Unsinn des Lebens Gedanken gemacht, mit wenig oder gar keinem Erfolg. Aber dann fiel mir etwas ein. Ich erzählte dem Mann von einem Baum, den ich in Adya, in Indien, einem Zentrum der Theosophen, gesehen hatte, und der wohl einmalig ist. Es ist ein Banyanbaum, der eine Besonderheit darstellt. Wenn er wächst, wachsen seine Äste ganz waagerecht etwa 10 bis 12 Meter lang. Da diese Äste natürlich leicht brechen könnten, entwickeln sich Luftwurzeln, die von Jahr zu Jahr länger herunterhängen und sich schließlich am Boden festkrallen. Aus diesen Luftwurzeln entstehen im Laufe der Zeit regelrechte Baumstämme. Der Baum in Adya hatte im Lauf von vielen Jahren so viele derartige Stämme entwickelt, dass er wie eine Kathedrale mit vielen Einzelräumen aussah. Die Theosophen hielten gewöhnlich ihre Zusammenkünfte in diesem Baum ab. Man musste schon sehr genau hinschauen, um den ursprünglichen Stamm entdecken zu können. Er war nun zu einem unter vielen Stämmen geworden. Auf ihn allein kam es jetzt nicht mehr an. Auch die anderen Stämme ernährten den Baum.

Gespannt hörte der Patient zu, als ich ihm klar zu machen versuchte, dass auch ein Mensch vergleichsweise solche Luftwurzeln entwickeln kann. Seine Geburtsgeschichte, so traurig sie auch sein mag, bildet doch im Laufe der Zeit nur ein Lebenselement unter anderen. Viel wichtiger wird allmählich die erlebte eigene Geschichte in ihrem Auf und Ab, wenn der Mensch versucht, nach vorne statt nach rückwärts Orientierung zu finden, um diesem, seinem eigenen Weg treu zu bleiben. »Der ist wie ein Baum, gepflanzt an den Wasserbächen, der seine Frucht bringt zu seiner Zeit.« Nach diesem »Aha-Erlebnis« kam die Analyse bald zu ihrem guten Ende.

Es ist gut, wenn man »Mutters Umschlagtuch« aus der Kindheit ins Leben mitbringt, um in den vielfachen Krisen nie ganz allein in der Kälte bleiben zu müssen. Aber auch für den benachteiligten Menschen stehen helfende Kräfte bereit. Es sind die archetypischen Bilder, die von innen her als Wegweiser dienen wollen, »Heilande« nennt sie Jung. Sie stehen jedem Menschen zur Hilfeleistung zur Verfügung. Der Baum ist zum Beispiel in der Sprache der Tiefenpsychologie ein archetypisches, das heißt ein urtümliches Bild, für den Menschen, für seinen Lebensbaum. Er erinnert den Menschen gerade in seinen Nöten an die Möglichkeit, unbeirrbar nach eigenen Gesetzen wachsen zu können. So wird auch verständlich, warum der Weihnachtsbaum bis heute eine magische Anziehungskraft ausübt. Gelingt es uns, an diese Tiefe im Menschen heranzukommen, so erwirbt dieser aus sich selbst ein Fundament, das ihm das konkrete Leben vielleicht versagt hat, ein Fundament, auf dem er Halt und Standhaftigkeit gewinnen kann.

Die Abmachung

Wie eindrücklich die letzten Jahre des Kindes mit seiner kranken Mutter waren, davon habe ich erzählt. Ein weiterer Umstand aus diesen Tagen ist in mir lebendig geblieben. Wir sprachen oft vom Tode und darüber, was wohl danach sein würde. Meine Mutter liebte den schönen hellen Abend- bzw. Morgenstern, die Venus. Oft habe ich diesen strahlenden Stern mit ihr zusammen angesehen. Nicht umsonst haben die Astrologen ihn der Göttin Venus zugeordnet. Wir spekulierten, ob nicht vielleicht dort ein Stück Jenseitigkeit zu finden sei. Meine Mutter meinte manchmal scherzhaft: »Wenn ich nicht mehr bei dir bin, dann schaue nur öfter am Abend dorthin, vielleicht treffen sich unsere Gedanken und Wünsche dort.« Die Venus, die wir sahen, war nicht der kalte, unwirtliche Planet der Astronomie. Sie war »unser Stern«.

Später habe ich daran denken müssen, als die ersten Menschen auf dem Mond gelandet waren. Wir lebten damals in Indien. Man ahnt nicht, wie die Hindugelehrten in Benares durch dies Ereignis in schwere Bedrängnis geraten waren. Für sie hat der Mond nämlich besondere Bedeutung: Er ist eine Göttin namens Chandrama. So also sollte sie aussehen? So einfach konnten die westlichen Menschen auf der Fernen, Unnahbaren herumtrampeln und herumfahren? Nach langen Diskussionen erklärte man von offizieller Stelle einfach: Der Mond, auf dem die Amerikaner gelandet sind, ist nicht der Mond, den wir und die heiligen Schriften meinen. So naiv diese Weisen im heiligen Benares auch scheinen mochten, waren sie möglicherweise auf eine bestimmte Weise nicht sogar im Recht? Ist der Mond, dessen Schein unser Erleben trifft, etwa der der Astronauten und Astronomen? Oder ist er nicht vielmehr der, über den Goethe dichten konnte: »Füllest wieder Busch und Tal still mit Nebelglanz. Lösest endlich auch einmal meine Seele ganz.« Bleibt er nicht trotz NASA der Beschützer und Freund der Liebenden und der Dichter? »Der Mond ist aufgegangen, die güldnen Sternlein prangen am Himmel hell und klar … « Viele Abende verbrachten Mutter und ich damit, uns auszumalen, wie wohl solch ein Treffen auf unserem Stern vor sich gehen könnte. Aber auf die Dauer war das Kind allein mit diesen Aussichten doch nicht zufrieden. Es wollte eine Sicherheit haben, dass die Mutter nach ihrem Fortgang nicht einfach weg sei, sondern ihre Gegenwart auch später fühlbar machen würde. »Mutter, versprich mir, dass du dich irgendwie bemerkbar machen und mich besuchen wirst, wenn es in jener anderen Welt eine solche Möglichkeit gibt.« Die Mutter versprach es, und diese Abmachung half dem Kind, dem großen bevorstehenden Ereignis, dem Tod, einigermaßen gefasst entgegen zu sehen. Als dann aber der Tod der Mutter eintrat, brach trotzdem zunächst eine Welt zusammen. Ich weinte mich in den Schlaf, und keine Venus und keine Abmachung konnten mir helfen. Ich war ein heimwehkrankes Kind. In dieser Not half mir das Unbewusste durch einen Traum. Der hatte eine

Vorgeschichte in der frühen Kindheit. Es gibt ein berühmtes Bild aus der Zeit des Pietismus. Ich selbst habe das Bild später sogar in manchen Sakristeien gesehen, etwas nachgedunkelt, aber immer noch eindrucksvoll. Es stellt das Wort Jesu von den zwei Wegen dar. Ein altes Wort, das sicher vorjesuanisch ist und auch in anderen Religionen ähnlich formuliert ist. Auch im Märchen kommen ähnliche Motive vor. Das Bild von der Entscheidungsnotwendigkeit in den Krisen des Lebens. Jung würde es archetypisch nennen.

»Gehet ein durch die enge Pforte,
Denn die Pforte ist weit, und der Weg ist breit,
der zur Verdammnis abführet;
und ihrer sind viele, die darauf wandeln.
Und die Pforte ist eng, und der Weg ist schmal,
der zum Leben führet;
und wenige sind »ihrer, die ihn finden.«

Als ich noch klein war, ich ging noch nicht zur Schule, nahm mich meine Mutter oft mit auf den Markt. Der Markttag spielte in jenen Tagen noch eine wichtige Rolle. Ich sehe die Pferde der Bauern noch vor mir, die ihr Gemüse auf den Markt brachten; sie waren angebunden. Einmal bedrängte mich gar ein Esel, der nach meiner Brezel haschte und über den ganzen Markt hin schrie. Meist setzte mich meine Mutter vor einer Buchhandlung ab, damit ich nicht in das Gedränge käme. Da konnte ich viele Bilder betrachten, die mir die Zeit vertrieben. Und eines davon war das Bild von den beiden Wegen. Es war so schön bunt. Links der breite Weg mit Wirtschaften, Kinos und Tanzpalästen. Darüber drohte die Hölle. Rechts der schmale Weg mit Kirchen und Kapellen; von oben grüßten Engel. Das Bild erschien mir wunderschön; ich hätte es gerne besessen. Heute würde ich als Psychologin sagen: Der linke, breite Weg stellt wohl den Schatten des frommen Weges dar, so wie in frommen Geschichten und Legenden von den Heiligen berichtet wird, dass gerade sie mit den gewaltigsten »Anfechtungen des Fleisches« zu kämpfen gehabt hätten – eine keinesfalls überholte Tradition. Muss nicht gerade der Fromme, so würde ich weiterfragen, ja auf seinen Schatten achten, auf die verdrängte sündige Seite? Und besitzt nicht auch der so genannte Böse, der »Sünder«, vielleicht eine verdrängte, ungelebte positive Seite? Warum wohl hat sich Jesus, wie Adolf Holl formuliert, so häufig in »schlechte Gesellschaft« begeben und gerade dort so außerordentliche Erfolge erlebt?

Nun, solche Gedanken waren mir damals noch fremd. Wie alle Kinder liebte ich die bunten Farben und war erfreut, als mir Mutter meinen Wunsch erfüllte. Ich habe das Bild oft angeschaut und Fragen gestellt. Aber dann erlosch allmählich die Faszination; das Bild war längst irgendwo verschwunden. Das aber ist die Vorgeschichte meines nun folgenden Traumes.

Etwa vier Wochen nach dem Tode meiner Mutter träumte mir: Ich ging mit ihr gleichsam auf dem Bild spazieren, und zwar auf der rechten Seite des Bildes, dem schmalen Weg. Wir stiegen höher und höher, eng umschlungen, und kamen schließlich in eine von Wolken und Nebel durchzogene Gegend. Dadurch war der Ausblick nach vorne verhüllt. Ich schmiegte mich näher an meine Mutter und sagte ängstlich und erregt: »Mutter, jetzt darfst du es aber nicht so machen wie neulich, plötzlich bist du fort, und ich bin allein. Du musst jetzt bei mir bleiben.« Da sah sie mich an, sie antwortete nicht, aber ein strahlendes Lächeln lag auf ihren Zügen, so dass ich sie fast wie geblendet ansah. Nach wenigen Sekunden war sie fort, und ich wachte geradezu überwältigt von diesem Eindruck auf.

Nun ja, wird jeder Psychologe sagen, das war so eine typische Wunscherfüllung, noch dazu die eines Mutterkindes. Ich muss dazu bemerken, dass man heutzutage mit der Freud'schen Interpretation vom Traum als Wunscherfüllung wesentlich vorsichtiger geworden ist. Wenn ich die vielen Träume meiner Patienten und meine eigenen betrachte, so meine ich sagen zu können, dass sich jene Träumer – ebenso wie ich selbst – sicherlich oft andere Träume wünschen würden. Das scheint doch nicht so hinzuhauen. Mir erscheint, dass Jungs Interpretation von Träumen näher an den Traumsinn herankommt. Er versteht den Traum als Kompensation zur Bewusstseinslage des Träumers. Das bedeutet, dass eine zu einseitige Bewusstseinslage, die geradezu krank machen kann, durch die Kundgabe des Unbewussten ergänzt oder kompensiert wird, um dadurch das seelische Gleichgewicht wieder herzustellen. Also würde das große Heimweh nach der Mutter durch das Bild ihres Glückes kompensiert. Aber ein Tatbestand steht auch dieser Deutung entgegen, nämlich die Wirkung, die dieser Traum auf mich hatte. Meine Außenwelt war die gleiche geblieben, für mein damaliges Leben grau und leer. Aber etwas hatte sich grundsätzlich verändert: Mit jenem Tag fing für mich ein neues Leben an; die Bitterkeit der Trauer verschwand; ich lernte wieder lachen. Ein bloßer Wunschtraum hätte das angesichts der trostlosen Gegenwart nicht zu bewirken vermocht. Auch ein bloßer Kompensationstraum wäre in meiner Lage wohl auch nicht stark genug gewesen, eine solche Veränderung herbeizuführen, zumal ich den Traum gar nicht verstand. Unbewusst hatte sich in mir etwas ereignet, dessen eigentliche Bedeutung mir erst ungefähr sechzig Jahre später bewusst wurde.

Ich komme oft mit Patienten auf den Tod und das Leben danach zu sprechen. Viele Angstträume entpuppen sich tatsächlich im Laufe der Analyse als Todesangst, zum Beispiel bei unheilbar Kranken oder anderweitig Gefährdeten, bei Krebspatienten und Invalidisierten, bei allein Stehenden und Frustrierten. Als ich vor zwei Jahren mit einem Patienten einen Traum besprach, der mit einer solchen Todesproblematik verbunden war, kam es plötzlich bei mir ohne ersichtlichen Zusammenhang zu der intuitiven Erkenntnis: Jener Traum meiner Kindheit hatte etwas mit unserer Abmachung zu tun. Die Mutter hatte ihr Wort gehalten, sie war zu mir gekommen. Das war die eigentliche Bedeutung des Traumes. Sicher wird mancher denken, dass es in der Psychotherapie manchmal recht komisch zugeht, manchmal wie bei »Spinnern«. Ein kürzlich im »Spiegel« erschienener ausführlicher Aufsatz über Jung hat ein solches Verständnis geradezu provoziert und ausgeführt.

Ich bin anderer Meinung. Träume haben in allen Religionen zu allen Zeiten eine wichtige Rolle gespielt. Man denke nur an die Träume, die im Alten Testament berichtet und oft durch das Wort: »Gott sprach« eingeleitet wurden.

Man kann diese Dinge nicht einfach in das Reich der bloßen Phantasie verweisen. Ein moderner Amerikaner namens Sanford nennt die Träume »Gottes vergessene Sprache«. Vielleicht klingt das vielen zu naiv und ist in ihren Augen zu sehr mit einem magischen Weltbild verbunden. Aber die moderne, durchaus nicht magische Psychologie hat uns ein Kriterium dafür gebracht, ob ein psychisches Erlebnis wirklich, das heißt für den Erlebenden bedeutsam ist oder nicht. Wir meinen das so genannte »Aha-Erlebnis«. »Aha!« sagt man, wenn man etwas Neuem gegenübersteht und plötzlich dessen Sinn versteht. Erst dann hat man es wirklich erkannt und kann es integrieren. Ein solches »Aha-Erlebnis« ließ mich nach so vielen Jahren jenen unvergessenen Traum verstehen, vor allem seine eigenartige und mächtige Wirkung. Das Einhalten der Abmachung im Traum bedeutete für mich zugleich Abschluss einer vergangenen und Anfang einer neuen Lebensperiode.

Der wiederholte Tod

»Glauben Sie an Gespenster?«, so fragte eine junge bekannte Dame eine unserer Freundinnen, mit der sie zufällig im gleichen Bahnabteil saß. Der Zug puffte langsam und beschwerlich von Cochabamba hinauf nach La Paz. 24 Stunden brauchte man damals für die Strecke, die einen Höhenunterschied von ungefähr 2000 Metern zu überwinden hatte. Mit dem Flugzeug brauchte man nur eine Stunde. Aber Fliegen war damals keine besonders lustige Angelegenheit. Im Jahre 1949 flog man noch in »Kisten« aus der Zeit von 1925. Klimatisierung gab es noch nicht. In der Pilotenkabine standen Sauerstoff-Flaschen, und in der einen großen Passagierkabine, in der auch Ziegen und Hühner mittransportiert wurden, liefen dünne Gummischläuche an den Wänden entlang. Dahinein wurde der Sauerstoff aus der Pilotenkabine gepumpt, wenn das Flugzeug zu hoch flog und die Luft zu dünn wurde. Man nahm dann das Ende des kleinen Schlauches in den Mund und hoffte, dass die Sache funktionieren würde. Der Flugplatz von La Paz lag schon 4000 m hoch, und der Flug über die Andenkette musste noch größere Höhen überwinden.

Unsere kleine Tochter schrie und weinte, wenn sie den Gummischlauch in den Mund nehmen sollte. Da half nichts, nur der Blick auf die Uhr: Wie lange noch? Und dann kam der erlösende Moment, wenn man spürte, dass der Höhepunkt des Fluges wieder einmal überwunden war und man lebendig in Cochabamba eintreffen würde. Nötig waren diese Flüge vor allem bei Erkältungen, die sehr leicht in Bronchitis oder eine Lungenentzündung übergingen. Eine solche Erkrankung bedeutete nämlich vor der Erfindung des Penicillins ein Todesurteil wegen der dünnen, sauerstoffarmen Luft. Da half nur ein sofortiger Flug in tieferliegende Regionen, zum Beispiel nach Cochabamba. Darum haben sich mir wohl diese Flüge so ganz besonders eingeprägt. Wenn man es nicht eilig hatte, war sicherlich eine langsame, gemütliche Bahnfahrt angenehmer. Dann hatte man auch die Gelegenheit, mehr von dem Land zu sehen und zu hören. Und da beginnt unsere Geschichte:

»Ob ich an Gespenster glaube, fragen Sie mich? Nun, ich habe noch keine gesehen«, antwortete unsere Freundin. »Aber ich, und zwar letzte Nacht«, sagte die junge Dame. »Darf ich Ihnen mein Erlebnis erzählen, ich platze sonst noch vor Aufregung.« »Gern«, meinte ihr Gegenüber, »obwohl es eigentlich etwas komisch ist, hier am helllichten Tag in einem prosaischen Bahnabteil von Geistern zu reden. Aber nur zu, die Fahrt ist lang, und alles ist angenehm, was uns die Zeit verkürzt.«

Die junge Dame stellte sich vor. Sie war eine amerikanische Violinistin, die sich auf einer längeren Konzerttournee befand. Eigentlich spielte sie meist mehr in großen Städten; die nächste Veranstaltung sollte in La Paz sein. Da einige freie Tage zwischen dem letzten und dem bevorstehenden Konzert lagen, hatte sie eine Einladung in das etwas abgelegene Cochabamba angenommen, eher aus Neugier, um etwas mehr von diesem unbekannten und wilden Land zu sehen. Sie war sehr freundlich empfangen worden. Sie erfuhr, dass Cochabamba eine durchaus besondere Geschichte hat. Hier leben die letzten »Blaublütigen«, Nachkommen der stolzen Spanier, die Bolivien erobert hatten. Der Club von Cochabamba ist auch heute noch ihre Hochburg. In ihn wird nur aufgenommen, wer seine spanischen Vorfahren nachweisen kann. Man kann sich also nicht um Mitgliedschaft beim Club bewerben, vielmehr wird man vom Club aufgefordert, beizutreten, und damit in die Elite aufgenommen.

In ganz Bolivien kannte man die Geschichte, dass der Zinnkönig Patiño, der in den Zwanzigerjahren dieses Jahrhunderts reichste Mann der Welt, die Mitgliedschaft im Club durch Geld und wohltätige Stiftungen zu kaufen versuchte. Er wollte seinem unermesslichen Reichtum die soziale Anerkennung im eigenen Land hinzufügen. Aber er war ein Cholo, ein Indianermischling. Die Tore des Clubs öffneten sich ihm nicht. Patiño nahm schwere Rache. Er verließ das Land, um niemals zurückzukehren. Nur als Leiche kehrte er in das von ihm erbaute Marmormausoleum zurück. Die unübersehbaren Gelder, die ihm die bolivianischen Zinngruben brachten, wurden alle außer Landes gebracht und dort angelegt. Bolivien blieb arm wie eh und je. Als sein Sohn in Paris eine Bourbonenprinzessin heiratete, lud er zu dem Fest auch alle in Paris lebenden Bolivianer ein. Sie kamen erwartungsvoll. Die Diener zeigten ihnen das Schloss und vor allem die Zimmer mit den prachtvollen Hochzeitsgeschenken. Als man dann zur Tafel bat, erhielten die Diener den Auftrag, alle Bolivianer hinauszuwerfen. Die

Pariser Zeitungen trugen am nächsten Tag die Überschrift: »Ein König, der sein Volk bespeit.« Patiño starb völlig vereinsamt; die Gruben wurden inzwischen nationalisiert. Das Ganze hört sich wie eine alte Sage an; doch ich hatte noch ein Enkelkind Patiños in meiner Klasse in der deutschen Schule von La Paz.

Also, Cochabamba hat schon eine Geschichte, und da ist es vielleicht gar nicht so ausgefallen, dass nun noch eine Geistergeschichte hinzukam.

Die Künstlerin war jedenfalls von der Atmosphäre, die sie dort vorfand, sehr angetan. Die Leute waren sehr höflich und zuvorkommend, das Konzert gut besucht und das Publikum aufgeschlossen. Vor allem aber fand sie das Hotel, in dem sie untergebracht war, ganz grandios. Es war ein altes Haus, im spanischen Stil erbaut. Viel Schnitzerei und Holzwerk im so genannten Kolonialstil. Die Spanier haben ihren Hausbau auch nach Südamerika verpflanzt. Die Indios wären wohl kaum dazu in der Lage gewesen, sich Derartiges zu leisten. Die Anlage der großen Städte ist dort heute noch die auch in Spanien übliche: In der Mitte der Stadt die große Plaza, darum herum die wichtigsten Prachtbauten, Gouverneurspalast, Kathedrale, Gericht. Wir kamen zum Beispiel von Barcelona und fanden dasselbe Stadtbild in Lima oder La Paz vor.

Das Hotel, in dem die Künstlerin wohnte, stammte also aus der spanischen Kolonialzeit. Es war die damalige Villa eines hohen Beamten, dessen Linie durch den Tod des letzten Erben frühzeitig ausgestorben war. Das Haus war dann von mancherlei entfernten Verwandten bewohnt worden, bis schließlich ein einfallsreicher Unternehmer ein erstklassiges Hotel daraus machte. Die schönste Suite hatte man für die Violinistin bereitgestellt. Sie war geradezu überwältigt, in einem so abgelegenen Ort etwas so Dezentes und Gemütliches vorzufinden. Nach dem Konzert kehrte sie in die Stille ihrer schönen Räume zurück und ließ die vielfältigen Eindrücke der musikalischen Aufführung in ihrer Seele ausklingen.

Und dann geschah es, jenes Ereignis, das ihren ganzen inneren Menschen in eine neue unerklärliche Dimension versetzte, die ihre Einstellung zum gewöhnlichen banalen Leben von Grund auf veränderte. Während sie noch träumerisch in einem alten bequemen Lehnstuhl ausruhte, erscholl vom Nebenzimmer her Musik. Zarte, alte Musik, die sich ihrem Zimmer näherte. Rauschen von alter Seide, leises Schreiten von leichten Füßen, Stimmengemurmel – und vom Nebenzimmer näherte sich ein kleiner Zug Menschen. Sie wagte kaum zu atmen, regungslos saß sie in ihrem Sessel und schaute.

Dem Zug voran schritten ein paar Musikanten mit Flöten in den Händen, in altertümlichen Gewändern. Es folgte ein schönes junges Paar. Der junge Mann in schwarzer Samtkleidung, Kniehosen und weißen Seidenstrümpfen. Schwarze Locken umrahmten ein blasses junges Gesicht. Neben ihm schritt eine junge Dame. Auch sie elegant gekleidet, mit einer Rose in der Hand. Er führte sie wie eine zu ihm gehörende Partnerin. Junge Leute, Männer und Mädchen, schlossen sich an. Sie betraten das Zimmer der Künstlerin, ohne sie zu beachten. Die Musikanten nahmen Aufstellung an der Seite des Zimmers, und es folgte das lieblichste Menuett der Gäste, immer angeführt von dem jungen Mann und dem Mädchen mit der Rose. Atemlos folgte die Künstlerin dem Treiben in ihrem Zimmer.

Plötzlich ein Schrei – der junge Mann brach zusammen. Die Freundin beugte sich über ihn, und das Gefolge erstarrte in Entsetzen. Die Musik brach jäh ab, und für einen Augenblick sah die gespenstische Szene wie ein erstarrtes Bild aus. Dann verschwand es so plötzlich, wie es gekommen war. Die Künstlerin war allein im Zimmer.

Entsetzt fuhr sie hoch. Hatte sie geträumt, was hatte sich da vor ihren Augen abgespielt? – Aber dann kehrte ihr normales Denken zurück. Sie lief hinunter zum Empfang und bat um ein anderes Zimmer. – Warum? Hatte sie nicht das beste bekommen, das ihr das Hotel bieten konnte? – »Ja, aber dort kann ich nicht bleiben, dort spukt es.« Der Empfangschef hörte sich ihre Geschichte schweigend an. Dann meinte er: »Würden Sie das Gesicht des jungen Mannes, den Sie gesehen haben, wieder erkennen?« – »Aber natürlich, sein Gesicht hat sich mir fest eingeprägt.« »Gut, dann kommen Sie einmal mit mir, ich will Ihnen etwas zeigen.« – Er ging mit der Dame in ein Zimmer im Untergeschoss des Hotels. Dort sah man viele Gemälde an den Wänden hängen. Es waren alte Bilder vergangener Geschlechter, Mitglieder der Familie, die dieses Haus gebaut und bewohnt hatten. Mit einem Aufschrei wies die Dame auf eins der Bilder. »Das ist er, ich erkenne ihn genau wieder.« Es war das Bild eines jungen blassen Mannes im Samtanzug, der melancholisch und fragend den Beschauer ansah.

»Ja, das ist er«, sagte nun auch der Hotelchef. »Es ist der letzte Spross der alten Familie, die dieses Haus gebaut hat. Er litt an Tuberkulose, unheilbar zu jener Zeit. Da bat er seine Eltern, ihm zum Fest der Volljährigkeit etwas Besonderes zu Schenken, ein Abschiedsfest mit seiner Freundin und seinen Freunden. Auf diesem Fest erlitt er einen Blutsturz und starb, im Übrigen sind Sie nicht die erste und einzige Person, die ein solches nächtliches Erlebnis hatte. Von Zeit zu Zeit sehen auch andere Menschen dasselbe.«

»Warum das alles«, schloss die Künstlerin ihre Erzählung. »Vielleicht sollte ich in meiner reich bewegten Karriere darauf aufmerksam gemacht werden, dass in unsere schnelllebige Zeit noch eine andere, zumeist unsichtbare Welt hineinragt, in der all unser Tun noch eine besondere, unvergessliche Gewichtigkeit erhält. Der eine Tag in Cochabamba wird mir jedenfalls unvergesslich bleiben; ich werde versuchen, mit meiner Zeit und meiner Kunst noch vorsichtiger und behutsamer umzugehen, wenn es vielleicht doch noch eine andere Wirklichkeit geben sollte, in der all unser Tun seine Eindrücke hinterlässt.

Das innere Bild

Marina Nuñez del Prado war die erste namhafte Künstlerin Boliviens, die über die Grenzen ihres Heimatlandes hinaus bekannt geworden war. Sie hatte ein Atelier in New York, wo sie auch manchmal Ausstellungen machte. Auch in Buenos Aires waren ihre Arbeiten gefragt. Sie war die Tochter eines pensionierten Generals, der sein Kind sehr bewunderte. Als wir sie kennen lernten, war sie eine Enddreißigerin, deren Wesen eine tiefe verhaltene Glut ausströmte. Äußerlich ruhig und humorvoll, spürte man doch eine Spannung, ein inneres Engagement, das sich in ihrer Kunst ein bewundernswertes Ventil geschaffen hatte. Sie gestaltete große mächtige Skulpturen aus Stein, Zement, Metall und Holz. Daneben aber schuf sie kleine zarte Madonnen, nach dem Vorbild typischer Figuren von Indianermüttern. So wie diese sitzt Maria am Weg, und das Jesuskind schaut wie das Indianerkind aus dem Poncho heraus. Das Kunstwerk hatte auf einer Hand Platz; das bearbeitete Holz fühlte sich warm und weich an. Eine unglückliche Liebe hatte Marina zur Einzelgängerin gemacht. Die Kunst war nun ihr Hauptinstrument, am Leben teilzunehmen.

Sie hatte früh angefangen zu malen. Jedes leere Blatt wurde von dem kleinen Mädchen vollgemalt. Das ganze Haus war mit Bildern dekoriert. Der Vater lud von Zeit zu

Zeit Freunde ein, die die Ausstellung seiner Tochter bewundern sollten. Alle waren natürlich des Lobes voll, und der Kleinen war es ganz selbstverständlich, dass sie eine Künstlerin werden würde. So nahm sie eines Tages ihre Mappe mit den letzten Bildern unter den Arm und ging zur Kunstakademie von La Paz, um sich dort als Studentin zu immatrikulieren. »Bei dieser Gelegenheit«, so erzählte sie uns, »dämmerte es mir zum ersten Mal, dass der Weg zur Kunst wohl doch nicht so einfach war, wie ich es mir gedacht hatte. Der Leiter der Akademie eröffnete mir, dass man sich nicht einfach so anmelden könne. Ich müsse vielmehr eine Aufnahmeprüfung machen, und zwar zusammen mit einer ganzen Reihe von angehenden Künstlern. Wenn ich diese Prüfung bestünde, dann könnte ich mich als Studentin zum Kunststudium einschreiben. Ich sei ja noch recht jung für das Studium, meinte er. Aber man wolle mir in Anbetracht meines großen Eifers die Gelegenheit geben, die Aufnahmeprüfung zu versuchen, und dann würde man ja weitersehen.«

Marina lachte in Erinnerung an jenes denkwürdige Ereignis. »Und dann saß ich in einem Raum, der ganz voll war mit Leuten, die alle dasselbe wollten wie ich, nämlich Künstler werden. Und ich musste mich plötzlich sehr anstrengen, um mich neben der großen Konkurrenz behaupten zu können. Und das ist mir für mein ganzes Leben eine Lehre geworden«, meinte sie nachdenklich. »Nichts ist mir leicht gefallen im Leben. Ich habe mir meinen Erfolg Schritt um Schritt erkämpfen müssen. Mit der Bewunderung meines Vaters hätte ich es wohl kaum geschafft.«

Marinas künstlerischer Durchbruch ist insofern bemerkenswert, als er gleichzeitig ein Angriff auf die bestehenden sozialen Verhältnisse Boliviens darstellt und eine Kampfansage an die Land und Leute ausbeutenden herrschenden Mächte. Marina greift mit ihrer Kunst unmittelbar in das politische und soziale Geschehen ein und weist damit einen neuen, besseren Weg in die Zukunft. Sie tut das zum Beispiel vor allem durch eine berühmt gewordene Holzskulptur, mit der sie für das Recht der unterdrückten Arbeiter eintritt. Diese Skulptur stellt drei männliche Gestalten dar, miñeros, Minenarbeiter. Der erste liegt auf dem Boden, gleichsam niedergetreten und niedergewalzt. Der zweite versucht sich zu erheben mit Hilfe der dritten Figur, die hoch aufgereckt dasteht, mit der Faust nach vorne und in eine neue Zeit zu blicken scheint.

Die Skulptur hat großes Aufsehen erregt, wusste doch jeder zu genau, wem die Kampfansage galt, dem Zinnkönig Simon Patiño, der seinen Reichtum durch skrupellose Ausbeutung und Unterdrückung der Arbeiter erworben hatte. Seine Geschichte hört sich wie ein Märchen an, aber leider nicht wie ein schönes Märchen. Er war ein armer Mischlingsjunge, Sohn eines Schuhflickers, dem es immerhin gelungen war, Vorsteher einer Minenkantine zu werden. Von dort bezogen die Arbeiter der Mine Arbeitsgerät und persönliche notwendige Artikel, meist auf Pump. Alle waren sehr verschuldet. Bei einer Inspektion der Kantine kam Patiño wegen zu vieler Außenstände selbst unter Druck. Der am meisten verschuldete Kumpel erklärte sich für zahlungsunfähig und verschrieb ihm ein Stück Silbermine, irgendwo droben in den Anden. Als Beweis zeigte er ein dort gefundenes Stück Silber vor, das sich aber leider nur als

Zinn entpuppte. Immerhin besser als gar nichts, dachte Patiño und erwarb also für einen minimalen Preis eine ganze Zinnmine. Zinn war damals noch kein sehr begehrter Artikel; die moderne technische Entwicklung von Flugzeug und Automobil hatte noch nicht eingesetzt; aber immerhin konnte man sich doch einmal den Besitz ansehen. Darum rüstete Patiño mit seiner zur weißen Oberschicht gehörenden Ehefrau eine kleine Maultierexpedition aus, die sich an Ort und Stelle über die Möglichkeit der Gewinnung und Verwendung des Zinns Gedanken machen wollte.

Nach vielen Strapazen kam die kleine Gesellschaft tatsächlich an der bezeichneten Stelle irgendwo hoch in der Einsamkeit der Anden an. Man machte sich daran, ein Loch in den Berg zu schlagen, woher das vorgezeigte Stück Zinn angeblich stammen sollte. Dies alles geschah noch mit Handgeräten, die nur einen langsamen Fortschritt der Arbeiten ermöglichten. Die Indios und Simon mit seiner Ehefrau arbeiteten sich in der dünnen Luft von Tag zu Tag weiter in den Berg hinein. Die einen bohrten, die anderen trugen das Geröll hinaus. Ein Tag nach dem anderen verging, aber nirgends zeigte sich auch nur eine Andeutung des angeblich im Berg verborgenen Zinns. Die Lebensmittel wurden rar, die ausgehandelten Löhne knapp, und vor allem ging das Coca zu Ende, ohne das kein Indio seine Arbeit dort oben durchhalten würde. Eines Morgens also, als Patiño aus seinem Zelt kam, musste er feststellen, dass er und seine Frau allein übrig geblieben waren. Die Arbeiter hatten sich mit den Tieren auf und davon gemacht.

Immerhin spricht es für das Stehvermögen des »Minenbesitzers«, dass er nicht aufgab. Er bohrte allein weiter in den Berg hinein, seine Frau schleppte keuchend das Geröll nach draußen. Und dann – ja dann kam das Märchen: Am 83. Tag standen sie staunend vor einer massiven Zinnader, die sich weit in den Berg hinein erstreckte. So wurde Patiño der Zinnkönig der Welt, zumal in Bolivien tatsächlich die reichsten Zinnvorkommen lagen. Dann aber arbeitete die Zeit mit ihren technischen Entwicklungen für ihn. Überall wurde Zinn in der Industrie gebraucht, vor allem für Flugzeuge und Autos. Seine Frau war klug genug, alle verlockenden Angebote großer amerikanischer Firmen auszuschlagen, so dass Patiño bald in der Lage war, der Welt die Zinnpreise diktieren zu können. Sein Land und seine Arbeiter hatten freilich keinen Teil am neuen Reichtum. Forderungen der Arbeiter fanden keinerlei Gehör, Streiks wurden blutig niedergeschlagen, Korruption tat das übrige, so dass es zu keinerlei Besserung der sozialen Verhältnisse kommen konnte. Ein deutschstämmiger Präsident, Busch mit Namen, der eine Nationalisierung der Minen im Parlament durchzubringen hoffte, wurde aus dem Hinterhalt erschossen. Alles blieb beim Alten. Und in diese Situation hinein schuf Marina ihr erstes bedeutendes Kunstwerk. Der aufrecht Stehende, seinen Bruder stützende Minero droht mit der Faust. Die Zeit der Ausbeutung geht zu Ende.

Für Patiño kam das Ende durch den Zweiten Weltkrieg. Aber es war die Künstlerin Marina, die als Erste gegen den Geldgiganten die Faust erhob. Es war ihr intuitives Gefühl, das schon einen Weg in die Zukunft erfühlte, als noch keiner sonst daran zu denken wagte.

Auch ihr weiterer künstlerischer Weg zeigt eine ans Wunderbare grenzende, innere Sicherheit, für die ein besonders aufregendes Beispiel stehen mag. Als sie einmal in New York eine Ausstellung veranstaltete, fiel ihr ein älterer Mann auf, der sich jeden Morgen bei der Eröffnung einstellte und den ganzen Tag in den Ausstellungsräumen verbrachte. Also wohl ein ganz besonderer Fan, wie man heute sagen würde. Aber dann kam es doch ganz anders.

Gegen Ende der Ausstellung stellte sich der Mann der Künstlerin vor und fragte sie, ob sie wohl geneigt sei, eine Büste seiner Frau zu gestalten. Er habe während der Ausstellung die Kunstwerke eingehend studiert, so weit es ihm möglich sei, und sei zu der Auffassung gekommen, dass sie wohl am besten die Aufgabe lösen und damit seinen Wunsch erfüllen könne.

Die Künstlerin wunderte sich über die etwas altfränkisch vorgetragene Bitte und meinte: »Nun ja, warum nicht. Aber zunächst müssten Sie doch wohl Ihre Gattin einmal mitbringen, denn sie ist ja die Hauptperson in unserem Handel.« – »Ja«, antwortete der Mann, »hier liegt nun das eigentliche Problem. Ich kann meine Frau nicht mitbringen. Sie lebt nicht mehr und ist vor einigen Jahren verstorben.« – »Das ist in der Tat schlimm«, meinte die Künstlerin. »Denn nur nach Fotos zu arbeiten, ist nicht dasselbe wie nach einem lebenden Modell. Das Gesicht bleibt stumm, unbelebt, wird eben fast auch zu einer bloßen Fotografie. Aber da Ihnen so viel daran zu liegen scheint, können wir es ja trotzdem versuchen. Also bringen Sie mir bitte alles, was Sie an Fotos und Bildern von Ihrer Frau haben, am besten aus verschiedenen Alters- und Entwicklungsstufen. Vielleicht entsteht dann doch so etwas wie ein lebendiges Bild von ihrer Persönlichkeit in mir. Wir können es ja versuchen.«

Aber wiederum schüttelte der Mann traurig den Kopf. »Ich habe kein Bild von meiner Frau. Alle Bilder wurden bei einem großen Brand vernichtet. Geblieben ist nur die Erinnerung. Aber ich bin gewiss, dass Sie mir helfen können, diese ins Leben zurückzubringen. Doch, doch. Sie können es. Das ist mir in den vielen Tagen, die ich hier zugebracht habe, klar geworden. Sie können es ganz gewiss. Bitte, versuchen Sie es doch.« –

Eigentlich müsste die Geschichte hier enden. Von welchem Künstler, und sei er noch so begabt, kann man wohl erwarten, dass er die Büste einer unbekannten verstorbenen Frau zustande bringt? Aber die Geschichte endet hier doch nicht. Marina hat uns selbst erzählt, wie es weitergegangen ist.

Lange schwiegen beide, der Mann in seiner bittenden, nicht abzuweisenden Haltung, Marina überwältigt von der schier unmöglichen Herausforderung. Schließlich meinte sie: »Wir wollen es versuchen.« Sie gab dem Mann einen Termin, sie trafen sich einige Tage später im Atelier. Marina hatte schon alles vorbereitet, was zum Modellieren eines Kopfes gebraucht wurde. Der Ton für den Kopf der Büste war zurechtgemacht. Was würde sich nun wohl ereignen? – Sie bat den Mann, Platz zu nehmen und von seiner Frau zu erzählen, so wie er sie gekannt und viele Jahre mit ihr gelebt hatte. »Ich will nicht wissen, wie groß sie war«, sagte Marina, »auch keine Beschreibung ihres Gesichts, ihrer Züge oder Bewegungen. Nein, erzählen Sie einfach aus Ihrer beider Leben, wie Sie miteinander gelebt haben. Welches Glück und Unglück Sie beide getroffen hat, und wie Sie damit fertig wurden. Welche Höhepunkte und welche Tiefen für Sie beide entscheidend waren, und was das gemeinsame Leben an Ihnen beiden, und vor allem an Ihrer Frau getan hat.«

Der Mann fing an zu erzählen, erst stockend, dann immer sicherer und belebter. Seine Gesichtszüge fingen an, ein Spiegel eines bunten und erlebnisreichen Lebens zu werden. Nicht die Trauer des Verlassenseins und der Einsamkeit beherrschten die gemeinsame Lebensgeschichte. Nein, der Dank für viele und gewichtige gemeinsame Jahre, die beiden Entwicklung und Ganzwerden geschenkt hatten, überwogen. Ein Dank, den der Lebende so einmal ganz klar der Toten darbringen konnte.

Marina erzählte uns: »Die Stunden vergingen, ich lauschte und fühlte. Und plötzlich geschah etwas Merkwürdiges. Meine Hände fingen wie von selbst an zu arbeiten. Sie erfassten den Ton und fingen an, ihn zu formen. Es war ein mir selbst unerklärlicher Vorgang. Ich hatte den Eindruck, selbst Zuschauer eines von mir losgelösten Prozesses zu sein. Ich sah gewissermaßen dem Spiel meiner Hände zu. Ein Gesicht entstand, Gesichtszüge formten sich und wurden lebendig, die Stirn, eine ausdrucksvolle Nase, ein Mund, der zum Sprechen bereit schien... Und die Hände spielten weiter, formten und bewegten sich, wie von einer unsichtbaren Energiequelle gespeist. Und der Mann erzählte weiter in die hereinbrechende Dämmerung hinein.

»Halt!« sagte er plötzlich in die spielende Träumerei hinein. »Genug, das ist sie, das ist meine Frau. Ich wusste, dass es Ihnen gelingen würde, meine Bitte zu erfüllen. Ich danke Ihnen.«

Ein charakteristisches Gesicht war entstanden. »Ich konnte nicht viel dazu sagen«, meinte Marina, »denn ich hatte die Frau ja nicht gekannt. Aber die Augen der Liebe müssen sie als das gesehen haben, was sie ihm bedeutet hatte. Er bat mich später, doch noch zu versuchen, seine Frau als junge Frau zu porträtieren. Jedenfalls war sein Wunsch in Erfüllung gegangen. Wer kann schon den Vorgang erklären? Vielleicht ist für eine kurze Zeitdauer das Bewusstsein zweier Menschen gewissermaßen gleichgeschaltet worden: das des einen als Sender, das des anderen als Empfänger. Der eine ganz erfüllt von einem Bild, die andere gewissermaßen ganz Gefäß; der eine ganz Liebe, die andere ganz Empathie, Horchen auf den anderen.«

In der Parapsychologie gibt es mancherlei Behauptung, dass innere Seelenbilder in der Außenwelt Gestalt erlangen und visuell erfasst werden können. Vielleicht war dies ein solches Erlebnis.

Das weitere Schicksal Marinas war leider geradezu tragisch, wie es oft bei Menschen mit besonderer Begabung oder Fähigkeiten vorkommt. Mehrere Jahre später flog sie mit den wichtigsten ihrer berühmten Skulpturen, die in großen Kisten schwerverpackt mitflogen, zu einer Ausstellung in Buenos Aires. Unterwegs kam das Flugzeug in Flugnot, und alles schwere Gepäck musste abgeworfen werden, um eine Notlandung zu ermöglichen. Da flogen die schweren Kunstwerke Marinas in den südamerikanischen Urwald hinein. Ob sie je aus jenen unwegsamen Regionen geborgen werden konnten oder ob Marina mit diesem Schicksal fertig werden musste, ist mir nicht bekannt. Ich habe nie mehr von ihr gehört.

Liebe oder Bedrohung?

Können kleine so genannte Jugendsünden ein ganzes Leben so beeinflussen, dass es einen völlig anderen Verlauf nimmt als der, auf den hin es eigentlich angelegt schien? Ja, kleine Jugendsünden, was meint man wohl eigentlich damit? Moralisch soll das ja wohl nicht verstanden werden, denn der erhobene Zeigefinger von Vater und Mutter hat ja in unserer Zeit grundsätzlich ausregiert. Schaden genug hat er angerichtet, wie uns die Psychologie klargemacht hat. »Du sollst! – Du sollst nicht! – Du darfst! Du darfst nicht!« – Wer hält sich wohl noch an diese Spielregeln, da doch Kirche und Schule längst ihre absolute Autorität eingebüßt haben.

Also, du brauchst keine Angst zu haben. Du darfst dich annehmen, wie du bist. Auch die dunkle Seite deines Lebens gehört zu dir, bist auch du. Auch sie soll angenommen, ja sogar integriert werden. Denn Licht und Schatten gehören nun einmal zusammen, Sünde ist ein altmodischer, ja archaischer Begriff, der in der heutigen Terminologie durch den Begriff Schuldbewusstsein ersetzt ist. Dieser Begriff ist viel weniger erschreckend, weil er alle unsere Urteile als subjektiv, relativ und darum vielleicht sogar als harmlos erweist. Ähnlich ist es dem Begriff Gewissen ergangen, auch heute noch viel gebraucht, aber meist nur als notwendige Floskel, besonders in der Politik.

Aber trotz alledem muss behauptet werden: Es gibt Sünde. Das Gewissen weiß auch heute noch darum. Und die Psyche spricht in Träumen davon. Sünde ist, den eigenen Weg zu verfehlen, wissentlich oder unwissentlich, das scheint der Psyche gleichgültig zu sein. Sie stellt nur zu oft einfach sachlich fest: Was falsch ist, hat eben dementsprechende Folgen, und diese müssen ausgebadet werden. Das Süppchen muss ausgegessen werden, ganz. Gleichgültig, ob du es dir eingebrockt hast oder ein anderer. Ebenso nüchtern drückt es Jesus aus, wenn er sagt: »Ein guter Baum bringt gute Früchte; aber ein fauler Baum bringt schlechte Früchte. Ein guter Baum kann nicht schlechte Früchte bringen, und ein fauler Baum kann nicht gute Früchte bringen.«

Ich muss dabei oft an Märchen denken, in denen der Held oder die Heldin an eine Weggabelung kommen und wählen müssen, wo der Weg nun weitergeht. Das Motiv des richtigen und falschen Wegs kommt in den verschiedensten Versionen bei vielen Völkern vor. Zunächst sieht die Sache noch recht einfach aus, die beiden Wege scheinen beinahe parallel zu verlaufen, sie liegen noch nahe beieinander. Nirgends ein Weggefährte, nirgends ein Ratgeber. Zurück kann man auch nicht. Also wähle!

Du wählst, und bald wirst du sehen, dass die Wege eben doch nicht parallel laufen, sondern sich immer weiter voneinander entfernen. Und das Ziel? Noch nicht erkennbar, aber vielleicht merkst du schon bald im Leben, ob du deinen eigenen Weg gewählt hast oder nicht. Kennzeichen: »Fremder Weg ist der Furcht voll«, sagen die Upanishaden.

Sie war eine Tochter aus gutem Haus, die Hanna aus

Wien. Der Vater war Professor, sie selbst war begabt und fröhlich und lief mit zwei langen Zöpfen durch die Welt, bei allen Verwandten und Bekannten beliebt, und wie es sich für das Alter gehörte, ständig verliebt. So etwas bringt auch vernünftige Eltern nicht um die Nachtruhe. Es war die Zeit vor dem Ersten Weltkrieg, in der gerade der gehobene Mittelstand sich sicher und wohlbehütet fühlte. Auch wenn der Freund der Tochter nicht standesgemäß war, Sohn einer Waschfrau, so war man sich doch sicher, dass die Tochter wusste, was sie sich und der Familie schuldig war. Hanna teilte im Grunde die Einstellung der Eltern, Frauenemanzipation war jedenfalls in diesen Kreisen noch kein Problem. Hannas Weg in die Zukunft war klar vorgezeichnet: Heirat, Familie, Kinder...

Aber dann zerrissen die Schüsse von Serajewo auch ihre Pläne. Krieg, Krieg, so hörte man überall. Die Jugend konnte den Zeitpunkt des Ausrückens kaum erwarten. Sie strömte freiwillig zu den Fahnen, mit ihr auch der Freund Hannas. Die Ausbildung begann, und man schrieb sich kleine verliebte Briefchen im Stil der Zeit. So erzählte uns Hanna, als wir sie fast 40 Jahre später in Bolivien kennen lernten. Dorthin hatte sie ihr Emigrantenschicksal unter Hitler verschlagen. Aber die Erinnerung an jene Jungmädchenzeit war in ihren Erzählungen noch sehr lebendig.

Damals also wurde sie vor eine Entscheidung gestellt, die ihr ganzes späteres Leben beeinflussen sollte. Ihr Freund musste an die Front und bat sie um ein letztes Treffen im Haus ihrer Eltern. Eigentlich eine harmlose Bitte, wenn man bedenkt, was wahrscheinlich diesem jungen Mann bevorstand. Aber die Eltern meinten, ein solches Treffen sei doch wohl unschicklich und gebe der Beziehung zu dem jungen Mann einen offiziellen Charakter. Ein freundlicher Kartengruß zum Abschied wäre doch auch genug. Hanna, die gute Tochter, gehorchte. Sie ging den gutbürgerlichen Weg der Eltern und merkte damals nicht, dass diese Entscheidung gleichsam die Weggabelung war, die den eigenen Weg von dem fremden trennte. Der Freund fuhr, begleitet von vielen guten Wünschen, an die Front und fiel bald darauf auf dem »Feld der Ehre«. Damit, könnte man denken, hätte die Geschichte ihr natürliches Ende gefunden.

Aber die Geschichte, die wir erzählen wollen, fing hier erst eigentlich an. Das Mädchen betrauerte den Freund, in dem Alter kommt man noch ziemlich gut über einen solchen Verlust hinweg, fast wie ein Kind, das sein totes Vögelchen betrauert und mit Tränen beerdigt. Gerührt empfing das Mädchen die wenigen persönlichen Sachen des Gefallenen, vielleicht nur deswegen, weil ihre Adresse aus den Briefen hervorging. Eine Uhr, ein paar Briefe und ein angefangener Brief an Hanna. Er enthielt einen Bericht über die letzten Ereignisse, die üblichen Schwüre ewiger Liebe und dazwischen einen merkwürdigen Satz: »Sollte ich trotz aller Hoffnung nicht nach Hause zurückkehren, so verspreche ich dir, dass ich dich dennoch finden werde, wo immer du auch sein magst.« – Komisch, was mochte er damit wohl gemeint haben? In solch schrecklichen Situationen beschäftigt man sich in Gedanken wohl mit allerlei merkwürdigen Dingen. Hatte er sich vielleicht mit Geistergeschichten oder Balladen abgegeben?

Die Jahre vergingen. Der Frieden kam auch nach Wien, Hand in Hand mit der Inflation. Für viele junge Leute Hoffnungslosigkeit! An ein Studium war nicht zu denken trotz Hannas großer Begabung. Darum suchte sie Arbeit und fand eine Anstellung bei einer älteren Dame, die eine Gesellschafterin für ihre Reisen suchte. Hannas Freundlichkeit und Sprachgewandtheit machten sie zur idealen Reisebegleiterin. »Ich genoss den ständigen Tapetenwechsel in vollen Zügen«, so erinnerte sie sich an jene Zeit. »Deutschland, Frankreich, die Schweiz und Italien, die Welt lag offen vor mir. Irgendwann würde ja auch das finanzielle Elend enden. Welch einen Schatz von Eindrücken könnte ich bis dahin sammeln.«

Eines Tages legte die Dame ein paar Ruhetage ein. Sie befanden sich gerade an der Adriaküste. Hanna hatte ein paar Ferientage. »Gehen Sie nur, und sehen Sie sich die Umgebung an. Vielleicht finden Sie etwas, was Ihnen besonders Freude macht.« Hanna machte sich auf den Weg. Es war ein kleines Dorf, was gab es da wohl zu sehen? Ein Schild mit der Aufschrift »Zu den Kriegsgräbern« wies in eine bestimmte Richtung. Hanna folgte der Richtung des Schildes, und schon nach kurzer Zeit stand sie am Rande eines riesigen Gräberfeldes. So weit das Auge reichte, sah sie Kreuze, manche noch mit Stahlhelm, manche bereits im Verfall, manche Gräber nur durch den Hügel gekennzeichnet, fast alle von Gras und Unkraut überwachsen. Hier in der Nähe hatten die Kämpfe zwischen Deutschen und Italienern getobt. Trotz Vogelgesang, Schmetterlingen und blauem Himmel ein atemberaubender Anblick. Grab an Grab von Tausenden von Toten, deren Blut die Erde gedüngt hatte. Hanna verschlug es den Atem. Aber dann tauchte irgendwoher plötzlich der Gedanke an ihren toten

Freund auf. Sollte vielleicht auch er unter den vielen liegen? –

Sie wurde unruhig. Es war, als ob etwas an ihr zöge. Sie ging durch die Reihen von Gräbern, auf manchen stand noch der Name, auf vielen war nichts mehr zu erkennen.

Sie beugte sich zu den Inschriften nieder, wandte sich wieder ab und machte sich das Unsinnige ihres Tuns klar. Selbst wenn er hier begraben läge, wie sollte sie ihn finden? Sie würde Stunden brauchen, um durch die Grabreihen zu gehen. Und viele Gräber waren nicht einmal mehr zu erkennen. Schließlich wandte sie sich zum Gehen. Dies wurde durch dorniges Gestrüpp, Disteln und Unkraut erschwert. Sie wurde wieder ruhiger. Man soll Totes liegen lassen und nicht wieder ans Licht zerren.

»Plötzlich«, so erzählte sie uns, »trat ich etwas unvorsichtig auf einen Stein, knickte den Fuß um, dass er schmerzte, und setzte mich unwillkürlich auf ein Grab. Als ich auf das Kreuz blickte, erschrak ich, und das Herz schien mir auszusetzen. Ich saß auf dem Grab meines Freundes. Unter all den Tausenden von Kreuzen hatte ich ihn gefunden. Nein, er hatte mich gefunden.« – »Ich verspreche dir, dass ich dich finden werde, wo immer du auch sein magst.« »Jetzt bekamen diese Worte für mich fast einen bedrohlichen Klang. Ein Ausrutscher, ein verstauchter Knöchel, ein Zufall, aber immerhin ein merkwürdiger Zufall. Ich fühlte mich empfindlich getroffen. Der Satz schien zu sagen: ›Warte nur, du entgehst mir nicht, obwohl ich tot bin!‹ – Was hatte ich denn getan? Ein Unrecht, das sich rächt? Hätten nicht viele so gehandelt wie ich? Es wäre ja doch nichts aus unserer Verbindung geworden.«

In den Vorstellungen vieler Völker finden wir das Motiv, dass der Geist eines Menschen, der durch Gewalt gestorben ist oder nicht richtig beerdigt wurde, keine Ruhe findet, in der Welt umherirrt und Unheil stiftet. In Indien wird der Tote zum Bhut, wenn seine Verbrennungszeremonie nicht richtig vonstatten ging, zum Beispiel, wenn kein Sohn da war, der das Ritual vollziehen konnte. Das ist auch mit ein Grund, dass die Eltern unbedingt einen Sohn brauchen, der im Todesfall das Notwendige tut. Ob es ein solches Motiv war, das als archetypisches Bild, in der Seele jedes Menschen schlummernd, Hanna geloben ließ: »Du sollst ein richtiges Grab bekommen, und ich werde es pflegen. Dann wirst du auch bei mir Ruhe finden.«

C. G. Jung hat sich vielfach mit dem Problem des verbreiteten Geisterglaubens beschäftigt. Sogar seine Dissertation hat er darüber geschrieben. Er glaubte, Geister als abgesprengte Seelenteile des betreffenden Menschen verstehen zu können. Komplexe nannte er sie, die in der Seele eines Menschen völlig autonom schalten und walten und dann wie jene Bhuts viel Unheil verursachen können. Sie unterstehen nämlich, weil unbewusst, nicht der Kontrolle des Bewusstseins. Im Falle Hannas würde man also von nicht verarbeiteten Schuldkomplexen sprechen können. In späteren Jahren modifizierte Jung seine Theorie von den abgesprengten Seelenteilen und meinte, in manchen Fällen sei der Glaube, dass es sich um wirkliche Seelen von Verstorbenen handle, nicht einfach als abwegig abzuweisen.

Welcher der beiden Theorien man sich auch zuwendet, es blieb bei Hannas Gelöbnis, dem Toten eine würdige Ruhestätte zu schaffen.

Dazu aber konnte es leider nicht so bald kommen. Rein finanziell, von anderen Umständen abgesehen, war Hanna dazu noch nicht in der Lage. Nachdem sich die politische und wirtschaftliche Lage zunehmend konsolidiert hatte, wurde ihr ein Studium möglich, das sie mit Promotion abschloss. Kurz darauf heiratete sie ihren viel älteren Universitätslehrer und leitete dann einen großen, vielen bekannten Haushalt mit all seinen repräsentativen Notwendigkeiten. Aber sie hatte ihr Gelöbnis nicht vergessen. Eine merkwürdige Scheu hielt sie davon ab, ihrem Mann gegenüber von diesen Dingen der Vergangenheit zu sprechen. Aber als sie nach einem Weihnachtswunsch gefragt wurde, bat sie um eine Reise an die Adria, eine Bitte, die ihr gern gewährt wurde.

Der Sommer kam, und Hanna reiste erwartungsvoll und doch etwas bangen Herzens an die Adria. Sie kam in das Dorf, von dem aus damals der Weg zu den Kriegsgräbern geführt hatte. Im selben Hotel übernachtete sie und machte sich dann gleich auf den Weg zum Gräberfeld. Klopfenden Herzens näherte sie sich dem Platz. Aber dann blieb sie wie angewurzelt stehen, nirgends ein Grab, nur ein einsames Feld, von Gras und Büschen bewachsen. Ein Schäfer hütete seine Schafe. Der wunderte sich über die fremde junge Dame. »Ja, wo sind denn die Gefallenen, die Gräber der Toten?« – »Fort sind sie, haben Sie das denn nicht gelesen? – Heimgeholt hat sie der Mussolini. Freund und Feind, Italiener, Österreicher und Deutsche liegen jetzt beieinander in einem großen Ehrenmal bei Rom. Sie haben endlich Frieden gefunden.«

Aber unsere Freundin hatte keinen Frieden gefunden.

Der Schäfer konnte nicht ahnen, was diese Nachricht für sie bedeutete. Ihre Bitte um Versöhnung, so meinte sie, war nicht angenommen worden. Ihr Gelöbnis blieb unerfüllt. Ihr Freund würde weiter nach ihr suchen, er würde sie zu finden wissen, wo immer sie sich aufhalten würde. Sie fror auf einmal, sie musste zurück. Sie fühlte sich alles andere als frei. Wie eine schwere Last lag diese unvorhergesehene Entwicklung auf ihr. Psychologisch gesehen bedeutete das: Der Komplex blieb Sieger. Er war nicht integriert worden. Der Tote blieb bei ihr unbestattet. Angst überkam sie.

Ihr weiteres Leben war ein unstetes Wandern durch vielerlei Beziehungen. Die Ehe ging, wie zu erwarten, in die Brüche. Die Hitlerherrschaft trieb sie aus Europa, und schließlich wurde sie wie so viele andere in Südamerika ans Land gespült. Sie fand eine bescheidene Existenz in Bolivien, wo sie deutschen Kindern Klavierunterricht gab. Dort lernten wir sie kennen und erfuhren den Lebenshintergrund dieser attraktiven und begabten Frau. Konnten wir vielleicht zu einer späten Befriedung behilflich sein? –

Wir sahen eine Fotografie jenes jungen Mannes, der vor fast 40 Jahren gefallen war. Er sah gut aus, bereits in Uniform, aber sein Gesicht zeigte eine fast grimmige Entschlossenheit, die einem beinahe Angst machen konnte. Wie hätte er wohl jetzt ausgesehen? Was wäre wohl aus ihm geworden?

Wir liehen uns das Bild aus und unternahmen mit dem, den es darstellte, eine Art Meditation. Wir sprachen mit ihm, als ob er noch lebte, so als ob wir ihm gegenüber säßen. Wir sagten ihm, wie aus Liebe Bedrohung werden könnte, wenn sie den andern an sich fessele, wenn sie nicht loslassen könne. Wie Liebe so zu einem Gefängnis werde, wie sie ein Leben zerbrechen könne. Psychologisch ausgedrückt kann man etwa sagen: Wir internalisierten den Komplex unserer Freundin, als ob es der unsere sei, oder aber sprachen wir vielleicht wirklich mit ihm, den seine Liebe an die irdische Atmosphäre gekettet hatte, der auch ein Gefangener seiner Liebe geworden war? Schwer zu sagen, was sich da wirklich zutrug. – Nach Jungs leitendem Grundsatz für alle Therapie: »Wirklich ist, was wirkt« kann nur noch berichtet werden, dass unsere Freundin frei wurde von ihrer Jahrzehnte dauernden Belastung. Sie war bei der Meditation nicht zugegen gewesen. – Sie hat noch einmal geheiratet und eine eigene Heimat aufgebaut. Vielleicht hat sie doch noch zu ihrem eigenen Weg zurückgefunden.

Der innere Reiseführer

Man muss sich schon recht weit vom eigenen Weg entfernt haben und darum »der Furcht voll« sein, um sich auf ein Experiment einzulassen, das einem selbst mehr als riskant vorkommt und der Umwelt geradezu als verrückt erscheinen muss. Ich meine damit das Erlebnis, dass in einer schier unüberwindlich scheinenden Lebenskrise die Psyche selbst die Führung im konkreten Leben übernimmt, um den Menschen wieder auf seinen eigenen Weg zurückzubringen. Um klarzumachen, was damit gemeint ist und wie es dabei zugeht, möchte ich den Traum eines modernen Mannes erzählen, der sich in einer solchen Krise befand: Ein Mensch geht mitten auf einer steil ansteigenden Straße. Die Straße ist nicht sehr gangbar. Die Ränder sind kahl und so hoch, dass man keinerlei Aussicht hat. Das Auffallendste: Der Mann stapft voran mit einem Sack über den Kopf gestülpt. Der Träumer läuft hinzu und sagt: He, nehmen Sie doch den Sack vom Kopf! Er: Das geht nicht! Der Träumer: So können Sie den Weg ja überhaupt nicht sehen, Sie werden stolpern und fallen. Er: Im Gegenteil, wenn ich den Sack abziehe, komme ich vom Weg ab. Wenn nur das innere Auge offen ist! Völlig verblüfft lässt der Träumer ihn weiterstapfen. Dann läuft er aber doch noch hinterher und ruft: Was soll das alles, warum tun Sie das? Er: Um Gott näher zu kommen. Der Träumer bemerkt, dass der Mann unterdessen eine Anhöhe erschritten hat, grüne Landschaft wird sichtbar, der Weg ist ebener. – Aus tiefenpsychologischer Sicht ist anzumerken, dass mit dem »Gott näher kommen« wohl gemeint ist, der gesuchten weisenden Wahrheit näher zu kommen. Das nämlich ist die eigentliche »selbstregulierende« Fähigkeit der Psyche, wie C. G. Jung eine derartige innere Steuerung genannt hat.

Aus der modernen Geschichte möchte ich hierzu noch zwei besonders eklatante Beispiele erzählen. Bei dem einen handelt es sich um den auch in Deutschland bekannt gewordenen Yogi Sri Aurobindo, dessen Ashram Menschen aus aller Welt angezogen hat. Ich habe ihn nicht mehr erlebt, er starb 1950, aber mein Mann und ich sind noch wenige Jahre nach seinem Tod seinen Spuren in dem Ashram nachgegangen.

Sri Aurobindo war noch vor Gandhi ein begeisterter Kämpfer für Indiens Freiheit. Er gehörte zu einer Terroristengruppe, die sich nicht scheute, Bomben herzustellen und mit Gewalt gegen die Unterdrücker vorzugehen. Als nun bei einem Bombenanschlag ein völlig unbeteiligtes Ehepaar umkam, griff die Regierung zu und verhaftete die ganze Gruppe. Obwohl Aurobindo selbst nicht an diesem Attentat beteiligt war, billigte er doch grundsätzlich Gewaltanwendung für den edlen Zweck einer Befreiung Indiens.

»Im Gefängnis«, so schreibt er, »war mein Glaube für eine Weile erschüttert. Dort verzagte ich einen Augenblick und schrie in meinem Herzen zu ihm (Gott) hinaus: Was geschieht mir da? Ich glaubte, dass ich eine Mission hätte, für mein Volk und Vaterland zu wirken. Ein Tag verging und ein zweiter und ein dritter, dann sprach von innen her eine Stimme zu mir: Warte! Da wurde ich ruhig und wartete.« Wir hören dann aus seinem Bericht, dass er im Verlauf seines Prozesses von der inneren Stimme genaue Anweisungen erhielt, wie er sich verhalten sollte, seinem Anwalt und auch dem Gericht gegenüber. Er war fest davon überzeugt, dass er es mit der schützenden und rettenden Macht Gottes zu tun hatte. Jedenfalls war das Resultat, dass Aurobindo als Einziger freigesprochen wurde. Aber es war nicht so sehr diese Tatsache, die für ihn einen Beweis göttlicher Intervention darstellte. Wesentlich war, dass dies, sein Erlebnis, zu einem völligen inneren Umbruch und zur Erneuerung führte, so dass er von nun an seinen eigenen Weg klar erkennen und gehen konnte.

Die Stimme sagte zu ihm, so berichtet er später: »Mein Schutz ist immer noch mit dir, und du sollst dich nicht fürchten. Nicht wegen des Prozesses habe ich dich hierher (ins Gefängnis) gebracht, sondern zu einem andern Zweck. Die Anklage selbst ist mir nur ein Mittel für mein Werk und nichts weiter. Ich habe etwas anderes für dich zu tun, und dazu habe ich dich hierher gebracht, dich zu lehren, was du selbst nicht lernen wolltest, und um dich für mein Werk vorzubereiten.« (Zitiert aus Sri Aurobindo, »Der integrale Yoga«, bearbeitet von Otto Wolff, Rowohlts Klassiker.) – Nach der Freilassung bekam Aurobindo den inneren Befehl, nach Chandrnagar in Französisch-Indien zu gehen, und bald darauf, sich in Pondicherry niederzulassen. Dort entstand sein Ashram, wo er bis zu seinem Tod lebte und nun begraben liegt. Dort wurde er der große Yogi und Weise, zu dem die Menschen aus aller Welt strömten, um von seinem Yoga zu lernen. Er wurde der große Rufer für die Zukunft eines neuen, gewaltlosen Menschen, der nunmehr anfangen solle, die in ihn gelegten Möglichkeiten wahren Menschentums zu entwickeln und damit der Welt eine neue Bewußtseinsebene in der Evolution zu vermitteln.

Die innere Stimme! Auch Gandhi berichtet von ihr. Jedes Mal, zum Beispiel, wenn er sich in einer politischen Krise befand, also nach dem eigenen Weg durch die Krise fragte, beriet ihn diese Stimme. Jeder seiner Hungerstreiks ist auf den Rat dieser Stimme zustande gekommen. Das hat uns wenige Jahre nach Gandhis Tod sein Privatsekretär ausdrücklich bestätigt. Die Wirkungen sind historisch bekannt.

Von Sokrates wissen wir, dass er Ähnliches berichtet hat. Vielleicht verstehen wir auch das biblische »Gott sprach!« der alttestamentlichen Propheten viel zu intellektuell und rational. Wahrscheinlich hörten sie tatsächlich auch etwas, das im Innern zu ihnen sprach, und folgten den Weisungen dieser Stimme.

Vielleicht kann man sagen, dass in unserer westlichen Welt die Stimmen draußen zu laut, zu überwältigend sind, um für uns noch Zeit und Möglichkeit zu finden, auf die leise Stimme aus dem Inneren zu lauschen. Denn nicht nur die Großen, wie die oben Genannten, bekennen sich freimütig zu einer solchen inneren Führung. Viele Ungenannte sind in der Lage, ähnliche Erlebnisse zu berichten. Andere dagegen nehmen vielleicht nicht einmal die Mühe auf sich, nach innen zu horchen. Was weiß schon der Durchschnittsmensch von einem »eigenen Weg«? Anpassen und Mitmachen scheinen bessere Erfolgsrezepte zu sein. Es mutet wie ein Geschenk an, einmal im Leben konkret mit der Frage nach dem eigenen Weg konfrontiert zu werden. Und das geschieht gewöhnlich in einer Lebenskrise.

Wir hatten sieben Jahre Internierung in Indien hinter uns, mein Mann und ich. Dann wurden wir zwangsweise nach Deutschland repatriiert. Bei Temperaturen von 30 °C verließen wir Indien, um in dem harten Winter 1946/47 bei –30°C Kälte hier anzulangen. 60 Grad Unterschied! Unser kleiner Sohn starb daran. – Wie all die vielen Flüchtlinge versuchten wir, uns eine neue Heimat aufzubauen. Rein äußerlich gelang uns das auch; doch im Inneren war etwas zerbrochen. Ich lebte ständig wie in Panikstimmung; der einzige Wunsch bestand darin: fort aus Deutschland, egal wohin! Mein Mann wurde krank, ich kam mir wie in einer Falle vor. Es war fast ein Zwangsgedanke, der mir zu versprechen schien: Alles wird gut, wenn du nur aus dieser Falle heraus bist. Wir begrüßten darum das Angebot, nach Bolivien gehen zu können, als eine Befreiung. Dort suchte man einen evangelischen Pfarrer und zwei Lehrer am deutschen College. Tatsächlich konnten wir zwei Jahre nach unserer Ankunft in Deutschland nach La Paz ausreisen, und zwar mit einem Militärpaß, auf dem stand »no return«. Wir waren der Falle entflohen und glaubten, noch einmal neu anfangen zu können. Unsere kleine Tochter half uns dabei, uns in dem fremden Land einzuleben. Leider hatten wir gar nicht bemerkt, dass wir eigentlich in eine neue Falle getappt waren, aus der, wie es sich später erwies, ein Entkommen fast noch schwieriger war.

Zunächst ließ sich alles gut an. Wir fanden eine schöne Wohnung, das Gehalt war gut, genug, um sich bald einrichten zu können. Der Unterricht machte keine Schwierigkeiten, weil wir im ersten Jahr nur die deutschen Schüler zu unterrichten hatten, um Zeit zu haben, Spanisch zu lernen. Auch der Wiederaufbau der evangelischen Gemeinde, die seit 12 Jahren verwaist gewesen war, machte gute Fortschritte. Man freute sich jetzt, wieder ein deutsch-evangelisches Zentrum zu haben, und viele arbeiteten gern mit. Auch Reisen galt es zu unternehmen, da sowohl in Cochabamba als auch in Oruru Deutsche wohnten. Die Landschaft war zauberhaft. Von unserem Fenster blickten wir auf den 7000 m hohen Illimani, der immer schneebedeckt ist. Unter uns lag La Paz, und dahinter erhob sich die majestätische Bergkette der Anden. Ausflüge zum Titicaca-See waren jedes Mal ein Erlebnis. Glasklare Luft, die einen unerhört weiten Blick ermöglichte. Die Küsten mit glühendem Ginster bewachsen. Eine merkwürdige Spiegelung ließ die Inseln im See wie große Pilze erscheinen, die auf dem See schwammen. Wir erwarben ein Stück Land am Seeufer, wo wir uns ein Ferienhaus bauen wollten. Also, wir richteten uns wirklich ein.

Aber bereits im zweiten Jahr zerbrachen sehr schnell unsere Träume. Gleich zu Beginn unserer Bolivien-Zeit machte uns ein kleines Erlebnis stutzig. Mein Mann hatte einen Vortrag über Indien gehalten, gewissermaßen als Einführung. Nach der Veranstaltung kam ein Deutscher zu ihm und sagte: »Sie werden sicher nicht lange bei uns bleiben.« Auf die erstaunte Frage, wie er darauf käme, meinte er: »Wenn Sie das alles hoch schätzen, was Sie uns erzählt haben, kann ich Ihnen nur sagen, dass Sie hier bei uns in Bolivien das absolute Gegenteil finden werden.« – Bald erwies es sich, dass die deutsche Kolonie zum größten Teil aus Hitler-Bewunderern bestand, in die sich bei den Älteren noch sentimentale Kaiser-Wilhelm-II-Züge mischten. Als ein großes Problem erwies sich darum, wie man die jüdischen Christen aus Deutschland in unsere deutsch-evangelische Kirche integrieren konnte, in der schon ein Gesangbuch-Vers »Lob ihn mit Abrahams Samen« zu einer tiefen Auseinandersetzung führen konnte. Hinzu kam, dass die Häupter der Kolonie mit uns einen betrügerischen Vertrag abgeschlossen hatten.

Was die Schule betraf, fanden wir schon damals Verhältnisse vor, die eine geradezu feindliche Beziehung zwischen Schülern und Lehrern begünstigten. Da man genau die Abhängigkeit der deutschen Kaufleute vom Devisenmarkt der Regierung kannte, taten die Schüler nur zu oft, was sie wollten. Sollte beispielsweise eine unangenehme Arbeit geschrieben werden, nahmen die Schüler ihre Mappen und zogen aus. Wir erlebten mehrere Schülerstreiks, da sich die Schüler immer sofort mit den häufig streikenden Studenten solidarisierten. Wir saßen dann schweigend am Pult, die Schüler warteten mit gepackten Schultaschen, bis die übrigen Schüler von La Paz sich vor der Schule zusammenrotteten und mit Steinen in den Händen schrien: »Rauskommen!« Daraufhin verließen dann unsere Schüler ebenfalls dic Schule.

Bedrückend wirkte auch die oberflächlich-katholische Atmosphäre des Landes, Indios und Mischlinge standen zumeist noch auf einer völlig archaischen Kulturstufe. Bauopfer, nämlich Lama-Embryos, wurden bei dem Bau jeder noch so kleinen Hütte ins Fundament mit eingegraben; danach folgte der kirchliche Segen mit Weihwasser. Auf dem Friedhof wurden in der Nacht von Allerheiligen noch die schlimmsten Orgien mit Tanz, Alkohol und Sex gefeiert. Auch von Toleranz konnte keine Rede sein. Die Protestanten trugen an allem Elend des Landes Schuld, so stand es auf Flugblättern, die in jedem Geschäft auslagen. Alkoholisierte Indios machten sich dann auf und schlugen mehrere amerikanische evangelische Missionare tot.

Diese Beispiele mögen genügen, um zu zeigen, dass wir unsere Übersiedlung nach Bolivien nicht gerade als einen wirklich neuen, befreienden Anfang empfinden konnten. Wir erkannten sie als eine Flucht vor unserem Schicksal, und es stellte sich uns allen Ernstes die Frage, wie wir wohl zu uns selbst, zu unserem eigenen Weg, zurückfinden würden.

In dieser für uns aussichtslosen Lage führten unsere Gegner in der Kolonie nun eine Entscheidung herbei. Man erklärte sich bereit, den Fehler im Vertrag zu korrigieren, wir aber müssten unsererseits bereit sein, einen neuen Vertrag zu unterzeichnen, und zwar innerhalb von drei Tagen. Andernfalls würde man Ersatz für uns aus Deutschland anfordern. Einen solchen Vertrag, noch dazu unter Druck, zu unterschreiben und uns noch einmal für vier Jahre zu binden, behagte uns aber ganz und gar nicht. Uns war klar geworden, dass Bolivien für uns eine Sackgasse war, objektiv gesehen ein schönes Land, für uns aber geistige Lähmung aller unserer Fähigkeiten. Es waren drei schwere und schicksalhafte Tage für uns, und wir suchten fieberhaft nach einem Ausweg.

In La Paz gab es keine Briefträger und Postkästen. Jeder

hatte ein Postfach und holte sich die Briefsachen direkt bei der Post. Wer von uns Lehrern auf die Post ging, brachte für die Kollegen die Eingänge mit und legte sie ins Lehrerzimmer. Am zweiten Tag des Ultimatums gingen wir abends in die Schule, um zu sehen, ob für uns noch Post gekommen wäre. Es lag viel dort, aber mein Blick richtete sich wie hypnotisiert auf eine indische Briefmarke. Tatsächlich war für uns ein indischer Brief aus Benares gekommen. Er enthielt die kurze Anfrage des Vice-Chancellors von Benares, ob wir nicht Lust hätten, nach Indien zurückzukehren und in der Hindu-Universität Benares als Pädagogen mitzuarbeiten. Das war die Entscheidung, eine Tür hatte sich für uns aufgetan. Der Brief war lange unterwegs gewesen, über verschiedene Adressen in Deutschland gegangen, immer wieder nachgeschickt und schließlich ausgerechnet vor Ablauf der gesetzten Frist in La Paz angekommen. Nun war der Weg wieder klar. Wir entschieden uns, nach Indien zurückzukehren und den Faden dort wieder aufzunehmen, wo er durch unsere Repatriierung abgebrochen war. Also, das Problem war gelöst, Happy End, Abfahrt nach Indien. So einfach schien das.

Wir ahnten damals nicht, was jetzt noch auf uns zukommen würde, wie schwierig es war, auf den eigenen Weg zurückzukommen, wie viel Mut uns bis dahin noch abgefordert werden würde. Wir sandten unsere Zusage nach Benares, wo wir vorher noch nie gewesen waren, und warteten auf Näheres von dort. Wir kündigten unsere Arbeitsverträge zum kommenden Jahr und machten uns an die Reisevorbereitungen. Es war August 1950. Das Wichtigste war natürlich, ein Schiff zu bekommen, das von Buenos Aires nach Indien fahren würde, und ebenso wichtig war es, das Geld für die Passage zu beschaffen. Wir vermuteten, dass es mit der Schifffahrt Schwierigkeiten geben würde, da 1951 wohl noch Mangel an Schiffen bestünde. Aber als wir uns an Agenturen in Buenos Aires wandten, war die Antwort niederschmetternd. Man schrieb uns, es gebe überhaupt noch keinen Schiffsverkehr zwischen Südamerika und Indien. Man wisse auch nicht, wann eine solche Verbindung wieder aufgenommen würde, in absehbarer Zeit ganz gewiss nicht. Über Preise solcher Passagen könne man darum überhaupt nichts sagen. Ähnliche Antworten erhielten wir von allen Agenturen, die wir angeschrieben hatten. Durch die nächsten Wochen und Monate gingen wir beinahe wie in Trance. Wir unterrichteten in der Schule, machten auch unsere übrigen Arbeiten, sahen uns nach Käufern für unsere Möbel und Teppiche um, um das Geld für die Passagen zusammenzubekommen. Aber nicht einen Augenblick verließ uns der Glaube, dass wir am Anfang unseres eigenen Weges stünden, der uns ganz bestimmt gelingen müsse.

Die Geldbeschaffung war vor allem deshalb so schwierig, weil wir die Fahrt in amerikanischen Dollars bezahlen mussten. Die bolivianische Währung verfiel aber Tag für Tag. Devisen erhielten natürlich nur staatswichtige Betriebe. Auf dem Schwarzmarkt waren Dollars zu bekommen, aber zu Preisen, die für uns unerschwinglich waren. Das Schlimmste aber war für uns, dass wir nichts mehr von Benares hörten. Funkstille –, und wir fragten uns manchmal, ob das Ganze nicht ein schöner Traum sei, der sich allmählich in Dunst auflöste.

So vergingen der September, der Oktober, der November, und Weihnachten näherte sich. Keine Nachricht aus Benares. Etwas hämisch fragten die Kollegen, wann wir denn nach Indien zu reisen gedächten? Der Direktor der Schule fragte, ob er uns für das neue Schuljahr noch in den Stundenplan mit einbeziehen solle, denn Vertretungen zu finden wäre schwierig, wenn wir plötzlich abreisen sollten. Wir konnten nicht viel auf die Fragen antworten. Wir wussten es ja selbst nicht. Viele unserer Bekannten distanzierten sich von uns, weil sie das Ganze als eine Art faulen Zaubers ansahen, ein Imponiergehabe, mit dem wir Eindruck machen wollten. Wir verlebten ein recht trübes Weihnachtsfest und sahen dem neuen Jahr unsicher entgegen.

Ja, und dann geschah das Unbegreifliche, Unerklärbare. Mein Mann erklärte in der Zeit zwischen Weihnachten und Neujahr, dass er im psychischen Bereich eine merkwürdige Aktivität empfände. Es war, als ob etwas von innen zu ihm sprechen wollte, etwas, das er nicht mit seinen eigenen Gedanken identifizieren konnte, ja, das sich gerade gegen den Fluss der eigenen Gedanken durchzusetzen suchte. Dabei machte mein Mann einen durchaus normalen Eindruck, erfüllte seine täglichen Pflichten, und das äußere Leben verlief seinen üblichen Gang. Er bemühte sich um regelmäßige Entspannung, horchte in sich hinein und gab den Widerstand gegen das, was da ins Bewusstsein wollte, auf. Wohlgemerkt, wir hatten damals keinerlei Kenntnisse über solche Geschehnisse. Was ich am Anfang des Kapitels über Aurobindo, Gandhi und andere anführte, wurde uns erst viel später bekannt, bei weiteren Aufenthalten in Indien. Ich selbst hatte keinerlei ähnliche Erfahrungen, versuchte nur das, was in meinem Mann vorging, zu verstehen und mit unserem konkreten Leben in Beziehung zu setzen, es also mitzutragen.

Silvester-Abend blieben wir wie üblich auf, um das neue Jahr zu begrüßen. Was würde es uns wohl bringen? Es würde entscheidungsreich sein in dieser oder jener Hinsicht. Ich sah meinen Mann an, der aussah, als ob er auf etwas horchte. Dann entspannte sich sein Gesicht, und er sagte: »Ich habe gerade den folgenden Satz gehört: ›Gestern hat in Benares eine Sitzung stattgefunden, in der eure Berufung beschlossen wurde. Ihr werdet Mitte nächsten Monats die Nachricht bekommen.‹« Das war eine klare Mitteilung. Was würde sie bedeuten? – Wir teilten daraufhin dem Schulleiter mit, dass wir Mitte Januar, jedenfalls vor Schulbeginn, Bescheid geben würden, ob wir weiterhin in den Stundenplan eingesetzt werden könnten und bis zu welchem Datum. Am 15. Januar bekamen wir ein längeres Telegramm aus Benares folgenden Inhalts: Das Berufungskomitee habe am 30. Dezember getagt und die endgültige Berufung meines Mannes als Principal der Hindu-High-School beschlossen. Wir sollten so bald wie möglich kommen. –

Jetzt wurde für uns die Lage wieder klar, der Weg ging tatsächlich weiter. Das Wichtigste war nun wohl, dass wir uns, ohne zu fragen, voll und ganz einer inneren Führung anvertrauten, ohne Wenn und Aber. Noch heute, 38 Jahre danach, ist es mir geradezu unfasslich, dass wir damals dazu im Stande waren. Aber es war wohl diese Geradlinigkeit und Einspitzigkeit unseres Verhaltens, dass dieses Unternehmen Erfolg hatte.

Später, als wir uns mit solchen Phänomenen mehr beschäftigten und viel darüber lasen, lernten wir, dass es sich um ein so genanntes parapsychologisches Phänomen der Präkognition gehandelt haben muss, wohl in Verbindung mit dem Phänomen der Telepathie (der Gedankenübertragung), also um Phänomene, die, Raum und Zeit überspringend, zu außersinnlicher Wahrnehmung führen. Für uns war dies allerdings nicht der springende Punkt. Für uns bedeuteten diese Erfahrungen Mittel, uns aus einer unfruchtbaren Sackgasse auf einen Weg zurückzuführen, der uns ein neues Leben zur Entfaltung eigener Fähigkeiten und Kreativität ermöglichte. Nur das gab uns Kraft, jetzt wider allen Augenschein durchzuhalten.

An diese erste Mitteilung schlossen sich von Zeit zu Zeit andere an. Das nächste Problem war die Beschaffung von Devisen für die Schiffsreise. Mein Mann besuchte die Devisenzentrale und fragte ganz harmlos, ob er wohl Dollars zum offiziellen Kurs haben könnte, die wir für unsere Reise nach Indien benötigten. Die Ablehnung wurde in freundliche Worte gefasst: »Aber warum wollen Sie denn Bolivien verlassen? Ist es denn nicht schön bei uns?« – Was soll man darauf antworten. – Unser Hauswirt war Buchhalter bei einer Bank. Als er von unseren Schwierigkeiten hörte, bot er an, mit seinem Chef die Lage zu besprechen, der uns vielleicht helfen könnte. Viel Hoffnung bestand nicht. Einige Tage vergingen, da bekamen wir die innere Nachricht: »Heute Abend wurde euer Gesuch abgelehnt. Morgen Abend dagegen wird noch ein anderes Mitglied des Bankkomitees zugegen sein, der eurem Antrag günstig gesinnt ist. Der wird die Sache zu einem guten Abschluss bringen.« –

Am nächsten Abend kam unser Hauswirt und sagte, er sei gestern nicht zu uns gekommen, weil der Antrag keinen Erfolg gehabt hätte. Heute Abend aber sei ein gestern abwesendes Mitglied zugegen gewesen, das unseren Antrag erfolgreich durchgebracht hätte. – Wir bekamen Dollars zum offiziell günstigen Preis. Wir kannten außer unserem Hauswirt kein anderes Glied des Komitees und hatten auch niemand gesehen. Wir erhielten also für den Erlös unserer verkauften Sachen einen Scheck von 600 Dollar. Allerdings hatten wir keine Ahnung, ob das für die Reise genügen würde.

Inzwischen mehrte sich die innerliche kurze Botschaft: »Schiff kommt, Schiff kommt«, obwohl wir nach wie vor auf alle unsere Anfragen von den Schiffsagenturen die gleiche Antwort bekamen: »Kein Schiff nach Indien ist von irgendwoher angezeigt. « Wir warteten also auf weitere Weisungen von innen und taten im übrigen unsere Arbeit.

Karfreitag 1951 machten wir mit unserer Kleinen einen Spaziergang auf den Prado, die Prachtallee von La Paz. Mitten in unser Gespräch hinein platzte der innere Anruf: »Sofort abreisen! Sofort abreisen!« Ohne weitere Bedenken machten wir kehrt, gingen nach Hause und fingen an zu packen. Es wurde also ernst.

Nun zeigte sich aber eine neue Schwierigkeit, nämlich Platzkarten für den Zug nach Buenos Aires zu bekommen, der einmal in der Woche fuhr. Wegen der Höhe von La Paz, 3600 Meter ü. M., blieb der Zug von Buenos Aires gewöhnlich an einer Station am Fuß des Aufstiegs stehen, und nur ein Wagen fuhr bis La Paz hinauf. Die Karten für diesen Kurswagen waren aber meist wochenlang ausverkauft. Eine

Anfrage beim zuständigen Reisebüro zeigte, dass keinerlei Möglichkeit für eine solch schnelle Abreise bestand. Man setzte uns aber freundlicherweise auf die Warteliste und versprach, uns zu benachrichtigen, falls jemand ausfiele. Inzwischen packten wir unentwegt weiter. Alles Gepäck, etwa 16 Überseekisten, mussten noch zum Zoll geschafft, geöffnet und wieder plombiert werden für die Durchreise nach Indien. Das alles klappte, wenn auch unter größtem Stress, und Ostersonntag erfuhren wir, dass wir auch die Plätze im Wagen nach Buenos Aires erhalten würden. Ostermontag 1951 ging also unsere denkwürdige Reise ins Ungewisse los, an der auch unser Dackel zufrieden teilnahm. Fünf Tage in der Bahn, und was dann? –

In Buenos Aires begannen sogleich neue, unvorhergesehene Schwierigkeiten. Kein Hotel der großen Stadt nahm uns mit Hund auf. Kein Bus, kein Taxi beförderte uns wegen des Hundes. Wir saßen vor dem Bahnhof mit Kind und Hund, ohne eine Bleibe für die nächste Nacht. Erst der Küster der deutsch-evangelischen Gemeinde befreite uns aus der Situation, indem er bereitwillig unseren Hund für die Zeit unseres Aufenthaltes übernahm. So konnten wir wenigstens in ein Hotel einziehen und mussten nicht auf der Straße biwakieren.

Nun begann die Endphase unseres Kampfes um die Freiheit. Wir hatten alle Brücken hinter uns abgebrochen und besaßen einen Scheck über 600 Dollar und etwas Geld für das Hotel, aber alle Gänge zu den Agenturen brachten nur das gleiche Ergebnis: Kein Schiff nach Indien tauchte am Horizont auf, keine Möglichkeit einer Weiterreise zu unserem Ziel. Nur die innere Stimme blieb uns treu, die un-

unterbrochen weiter behauptete: Schiff kommt! Und schließlich sogar hören ließ: Schiff ist da! Schiff ist da!

Als wir eines Tages unsere übliche Runde durch die Schiffsagenturen machten und die ebenfalls übliche Antwort auf unsere Frage erhielten, hörten wir im Hintergrund des Büros zwei Leute miteinander sprechen. Von dem Gespräch verstanden wir jedenfalls die Worte: »Indien« und »Schiff«. Alles andere verstanden wir nicht, weil man Spanisch sprach. Wir spitzten die Ohren und, ohne über unser recht unhöfliches Benehmen nachzudenken, mischten wir uns in das Gespräch mit der Frage: »Also gibt es doch ein Schiff nach Indien?« Man wandte sich uns zu, und einer der Herren sagte: »Ja, aber das kommt für Sie nicht in Frage. Es ist ein Transporter und nimmt keine Passagiere an Bord!« –

Wir fragten nicht weiter, verließen das Büro und fuhren geradewegs zum Hafen. Buenos Aires ist ein großer Hafen, und es dauerte ziemlich lange, bis wir tatsächlich ein englisches Schiff mit dem Ziel Indien gefunden hatten. Die Mannschaft, alles Inder mit lachenden Gesichtern, begrüßte uns freundlich und wies uns den Weg zum Kapitän. Der Käpt'n rasierte sich gerade und schaute uns misstrauisch entgegen. Zum Glück war unser Kind dabei, und das ließ gleich die Atmosphäre etwas auflockern. Wir brachten unser Anliegen vor, zunächst ohne Erfolg. Aber im Laufe des Gesprächs entspannte sich auch unser Käpt'n, der ständig nach unserer niedlichen kleinen Tochter schielte, die ihr tollstes und erbarmungswürdigstes Gesicht aufsetzte, obwohl sie natürlich gar nicht ahnte, worum es ging. Kabinen für Passagiere gab es tatsächlich nicht, aber es gab da noch die Kabine für den Lotsen, der ja das Schiff bald verlassen würde. Schließlich bekamen wir sogar die beiden Kabinen des Ersten Offiziers, der erkrankt war und die Reise nicht mitmachen konnte. So hatten wir einen Wohnraum und einen Schlafraum mit eigenem Bad.

So weit so gut, aber ein Happy End stand doch noch aus. Als wir unsere Passage mit dem Scheck über 600 Dollar bezahlen wollten, wurde dieser aus devisenrechtlichen Gründen für ungültig erklärt und zur Bezahlung nicht angenommen. Wir konnten den Scheck auch nicht auf der Bank einwechseln, weil wir als Ausländer nur in Dollars, aber nicht in Pesos zahlen durften.

Da standen wir drei, und diesmal schien keine Möglichkeit mehr, aus der Schwierigkeit herauszukommen. Ich denke heute noch, dass dies wohl die schlimmste Erfahrung der ganzen sonderbaren Reise war. Wir blieben wie versteinert an dem Tresen stehen, den Scheck in der Hand, unfähig uns zu rühren. Da erhob sich einer der Angestellten, wohl ein Buchhalter, kam zu uns und fragte, warum wir so entsetzt seien. Wir erzählten ihm unsere Geschichte, und nach einigem Nachdenken sagte der Mann, für uns ein Wildfremder: »Wenn Sie mir vertrauen und mir den Scheck für ein paar Tage geben könnten, würde ich etwas versuchen, was Ihnen vielleicht helfen könnte.« Natürlich händigten wir ihm unseren Scheck, unser ganzes Hab und Gut, aus, und gingen ins Hotel. Zwei bis drei Tage saßen wir dort, kaum in der Lage, viel zu sprechen. Ja, das Schiff war da, die Kabine war da, und das Geld war da, aber für uns war das Schiff dennoch so ferngerückt wie noch nie. Am dritten Tag bat uns jener Mann, doch vorbeizukommen. Er erklärte, dass er Glück gehabt hätte. Man hatte uns durch eine

Sondergenehmigung ermächtigt, den Scheck in Peseten umzutauschen und die Fahrt statt mit Dollars mit Peseten zu bezahlen. Wir haben nie erfahren, was sich wirklich abgespielt hat. Wir waren nur von tiefer Dankbarkeit erfüllt, so machte es uns nichts aus, dass wir mit den 16 Kisten noch in einer Nachtfahrt nach Bahia Blanca fahren mussten, weil wir erst dort das Schiff besteigen durften. Allmählich verschwamm die Küste, wir sahen ohne Traurigkeit zurück. Wir dachten ganz allein vorwärts, unserem Ziel Indien entgegen.

Es zuckte noch ein kleiner Blitz aus dem abziehenden Gewitter. Als der Kapitän uns in unserer Kabine begrüßte und sich nach unserem Befinden erkundigte, sah er unseren Dackel: »Oh, Sie haben einen Hund dabei?« »Ja«, stotterte mein Mann, »habe ich Ihnen das nicht erzählt?«

»Nein«, sagte der Käpt'n, »und wenn Sie mir das erzählt hätten, würde ich Sie nicht an Bord genommen haben.«

Damit ging er hinaus und hat auch während der fünfwöchigen Reise nicht ein einziges Mal den Hund beachtet. Das schien diesen jedoch nicht sonderlich zu berühren, da er von der ganzen Mannschaft mit Köstlichkeiten verwöhnt wurde.

Das war also unsere Reise nach Indien, und, wie wir meinten, die Rückkehr aus einer unfruchtbaren Sackgasse zurück auf unseren eigenen Weg. Indien ist in der Tat für uns zum Schicksal geworden und hat unser Leben sehr geprägt. Über 20 Jahre haben wir dort gearbeitet, und wir sind von dort tief beeinflusst worden, ohne dass wir Inder geworden wären.

Betrachten wir diese wundersamen Geschehnisse einmal

vom tiefenpsychologischen Gesichtspunkt, so können wir sie wohl als besonders eklatante Beispiele für Synchronizität erkennen. Mehrmals habe ich schon darauf hingewiesen. Der Ruf der Seele in der Not setzt unter Umständen eine innere Aktivität in Bewegung, die sogar äußere Verhältnisse ändern und dienstbar machen kann. Bedingung ist aber eine Hingabe an das Ziel ohne Wenn und Aber. Dies ist unter »Berge versetzendem Glauben« zu verstehen. Nicht »Glaube an etwas« ist gemeint. Jesus beschreibt vielmehr eine menschliche Grundhaltung dem Leben und dem Sein gegenüber.

Diese Einspitzigkeit und Zielgerichtetheit, die sich nicht mit Geringerem abspeisen lässt, kann darum durchaus als Konkretisierung des Wortes Jesu gelten: »Trachtet am ersten nach dem Reich Gottes, dann wird euch alles zufallen.«

Was ist Hölle?

Wer redet denn heute noch von so archaischen Vorstellungen wie Himmel oder Hölle? Diese Begriffe werden doch nur noch symbolisch gebraucht, um einen großen Zustand des Glücks oder Unglücks anzudeuten. In Wirklichkeit glaubt kein Mensch mehr daran als Realität. Nur Kinder oder Kind gebliebene Erwachsene mögen sich davon schrecken lassen.

Die Seele scheint anderer Meinung zu sein. Sie weiß, dass sich hinter diesen Begriffen uralte Ängste oder Hoffnungen verbergen, die auch durch keine intellektuelle Aufklärung zum Schweigen gebracht werden können. Aus dem Bewusstsein, dem Intellekt, hat die allmächtige Vernunft sie vertrieben. Aber in den Nächten steigen die entmachteten Mahner wieder ans Licht. In Träumen melden sie sich und haben dabei nichts von ihrer Realität und Wirkung eingebüßt. Es scheint mir sogar, als ob der Begriff Himmel blasser erscheint als der der Hölle. Das kommt wohl daher, dass nur wenige Menschen das Bild eines »himmlischen« Zustands tiefster Harmonie in sich tragen. Der Zustand »Hölle« dagegen scheint wohl eher Anhalt in der Wirklichkeit zu finden.

Ein Traum dieser Art hat auch mich einmal aufgeschreckt. Er hat nicht nur mir selbst von einem nicht übersehbaren Ernst menschlicher Existenz gesprochen, er ist vielmehr im späteren Leben als stiller Mahner bei vielen psychotherapeutischen Behandlungen zugegen gewesen und hat den Bemühungen um die Seele Tiefe und Gewicht gegeben. Er wurde oft zum unbestechlichen Wegweiser, wenn in menschlichen Krisen die Richtung des eigenen Weges verloren zu gehen schien.

Der Traum kam zu einer Zeit, die ich keineswegs als kritisch bezeichnen könnte. Ich hatte auch noch nichts mit Tiefenpsychologie und Psychotherapie zu tun. Das kam erst viele Jahre später. Der Traum fiel geradezu in mich hinein, etwa wie ein Meteor auf die Erde fällt, ohne Zusammenhang mit der umgebenden Welt. Wir lebten damals in Benares und waren glücklich, der unerträglichen Situation in Südamerika entkommen zu sein. Wie ich schon erwähnt habe, hatten wir bereits in früherer Zeit zehn Jahre in Indien gelebt, von denen wir allerdings sieben während der Kriegszeit in einem indischen Internierungslager zuzubringen hatten. Daran schlossen sich die beiden Jahre in Deutschland und schließlich unser ebenfalls zweijähriger Aufenthalt in Bolivien an. Nun, nach so vielem Hin und Her wieder in Indien, fühlten wir uns, als ob wir endlich wieder nach Hause gekommen wären. »Tik hai!« hatten die indischen Matrosen gerufen, als wir in Buenos Aires das Schiff bestiegen. Der Ruf galt nicht einmal uns, aber wir hatten ihn als glückliches Vorzeichen für uns verstanden. »Tik hai« – das bedeutet im Deutschen soviel wie: »Es ist richtig.« Und dieser Gruß sollte über unserem Einzug in Benares stehen.

Es ist vielleicht kein Zufall, dass der Traum, von dem ich berichten will, mir ausgerechnet in Benares zufiel. Benares ist eine wichtige Station in unserem Leben geworden, und so mag es sinnvoll sein, etwas näher auf jene Zeit und die uns damals umgebende Welt einzugehen. Benares bedeutet für die Hindus, was die Kaaba in Mekka den Mohammedanern oder Jerusalem Juden und Christen, Rom den Katholiken und Lhasa den Buddhisten bedeutet, nämlich zentrales Symbol ihrer Glaubenswelt. Wer in Benares stirbt, geht geradewegs in den Himmel ein, so verheißen die heiligen Schriften. Wer im Ganges badet, wird dadurch von allen Sünden frei. Für viele ist Benares sogar das Zentrum der Welt schlechthin. Tiefenpsychologisch betrachtet stellt Benares geradezu einen archetypischen Ort dar, denn hier entfaltet der vom Himmel entsprungene Ganges seine größte Heil- und Reinigungskraft. Viele Tempel bieten sich den Gläubigen zur Anbetung dar. Die Stadt wimmelt von Heiligen aller Art, die den Menschen helfen, den ihnen von Gott verordneten Weg zu gehen.

Auch für Forschung und Wissenschaft bietet Benares besondere Möglichkeiten. Hier ist zum Beispiel auch die einzige Universität Indiens, in der Studenten aus ganz Indien studieren und ihre Examina ablegen dürfen. Der riesige Universitätscampus lässt sich fast nur mit dem Auto oder der Rikscha befahren und erweist sich als ein imponierendes Nebeneinander und Durcheinander der verschiedensten Colleges und Internatsgebäude. Auch Frauen studieren dort, jedoch in einem eigenen College mit angeschlossenem Internat.

Dieses gewaltige Unternehmen ist in seinem Grundfundament hauptsächlich von zwei Menschen regelrecht zusammengebettelt worden, nämlich von dem in ganz Indien berühmten Pandit Malvya und der Theosophin Anni Besant. Sie haben Rupie auf Rupie bei Reich und Arm, bei Groß und Klein gesammelt, bis die Gründung der »All Indian University« Benares nicht nur zu einem heiligen, sondern auch zu einem wissenschaftlichen Zentrum gemacht hat. »Bettler Nummer 1« war der Ehrenname Malvyas. Sein Sohn hatte meinen Mann für die Verwaltung dreier Schulen nach Benares gerufen, die zugleich Zubringer für die Universität waren.

Was uns aber besonders im Blick auf die Universität erstaunte, war das Miteinander von hinduistischer Tradition und modernster Wissenschaft. Letztere wurde von dem hohen, die Universität überragenden Schornstein dargestellt, der inmitten ältester hinduistischer Tradition ein Wahrzeichen modernster technischer Forschung verkörperte.

Aber wir haben auch noch etwas von dem so genannten »Wunderland Indien« kennen gelernt. Der Gründer der Universität hatte versprochen, sein Werk, die Universität, durch einen besonderen Tempelbau zu krönen, der allen Studenten in gleicher Weise offenstehen sollte. Der Grundstein wurde gelegt, der Weiterbau durch die Todeskrankheit Malvyas in Frage gestellt. Aber ein Gelübde ist nun einmal ein Gelübde, das unbedingt der Ausführung bedarf. So kam es dazu, dass der sterbende Malvya nicht sterben konnte. Um ihm zu helfen, rief man den alten Birla, einen der reichsten Männer Indiens und Haupt eines großen Clans, an das Sterbebett Malvyas. Birla versprach, das Gelübde des Malvya an seiner Statt zu erfüllen. In kurzer Zeit hörte der Todeskampf auf, und Malvya starb eines friedlichen Todes.

Wir haben den Weiterbau des Tempels, der inzwischen vollendet ist, miterlebt. Der alte Birla war ein großer Deutschenfreund, vor allem weil er aus phantasievollen Gründen in einem jeden Deutschen einen Sanskritgelehrten vermutete. Der Grund dafür war der in ganz Indien auch heute noch bekannte und beliebte deutsche Indologe Max Müller, der Übersetzer des Veda. Leider mussten wir die Erwartungen Birlas enttäuschen, gleichwohl behielten wir seine Zuneigung. Er stellte uns wie im Märchen einen Wunsch frei. Wann immer wir einen solchen Wunsch hätten, verpflichtete er sich, ihn unter allen Umständen zu erfüllen. Wir nahmen ihn später beim Wort, und er hat sein Versprechen in schwieriger Lage gehalten. Jetzt ließ er es zunächst bei dem durch einen Diener überbrachten Gastgeschenk bewenden. Es war ein Briefumschlag, der RS 1000.– enthielt, was damals etwa den Gegenwert von DM 1000.– hatte. Das Tik hai schien sich bereits bei unserem Einzug in Benares zu bewähren.

Auch unsere Wohnung stammte noch aus der alten traditionsreichen Geschichte von Benares. Wir wohnten auf dem Dach eines Palastes, der dem Maharadscha von Benares gehört hatte. Es war ein großer Komplex, der Chor Mahal, das heißt Diebespalast, genannt war. Dies war der ehemalige Harem des früheren Maharadschas, in den er junge Mädchen steckte, die bei Ausritten in die Umgegend seinen Gefallen fanden und gestohlen wurden. Diese Zeiten waren natürlich längst vorbei. Der Unterhalt des Palastes war viel zu teuer geworden, und darum war er der Universität geschenkt worden. So musste diese für den Unterhalt aufkommen, und sie hatte ihn zu einem Internat umgewandelt.

Unten wohnten Studenten, oben wir. An jeder Ecke des quadratischen Baus befand sich ein Zimmer. Zwischen den Zimmern gab es offene Terrassen von je 25 Metern. Diese waren nach oben offen, hatten aber an den Seiten Mauern, die von exquisitem Steinwerk durchbrochen waren und einst den geraubten Mädchen den Blick ins Freie gestatteten. So hatte unsere Tochter 100 Meter Raum für ihre Dreiradtouren im eigenen Haus, wenn… ja, wenn es nicht so heiß gewesen wäre. Am Tage saß man möglichst drinnen unter den surrenden Ventilatoren, nachts versuchte man auf den offenen Terrassen zu schlafen. Aber leider strömten dann die von der Tageshitze aufgeladenen Wände Wärme wie Öfen aus. Man wartete auf die Regenzeit, der Himmel verdunkelte sich, es fing an zu regnen. Aber leider verpufften durch die Hitze die Regentropfen bereits in der Luft. Man irrte dann oft nachts durch die Räume, um irgendwo ein kühleres Plätzchen zu finden, oder man stieg in die Badewanne, die leider auch nur warmes Wasser enthielt. Ich erwähne diese unerträgliche Hitze besonders deswegen, weil es vielleicht zunächst erklärlich macht, wieso mich gerade dort der so bedeutsame Traum von der Hölle überfiel. Zusammenfassend könnte man sagen, dass in einer so archetypisch besetzten Umwelt, einer Stadt wie Benares, bei mir die Tiefenschicht archetypischer Träume aktiviert wurde. Allerdings sah die Hölle, von der ich träumte, ganz anders aus, eher verlockend freundlich, in ihrem tieferen Sinne aber, den ich erst viel später verstand, war sie schrecklicher als die mich umgebende Hitze von Benares.

Und dies war nun der Traum. – Ich träumte, ich sei gestorben. Ich stand neben der Couch, auf der ich gewöhnlich schlief und sah auf meinen leblosen Körper hinab. Es waren keine besonderen Emotionen damit verbunden. Ich betrachtete mich, wie man eben einen unabänderlichen Tatbestand sieht. Aber dieser Zustand dauerte nicht lange. Eine innere Unruhe erfasste mich, und ich spürte, dass ich diesen Ort verlassen musste. Ich entfernte mich, anscheinend irgendwie fliegend, obwohl ich weder Flügel noch meine eigene Person sah. Ich bemerkte nur, dass ich mich etwa in Höhe der Baumwipfel fortbewegte, getragen ganz allein durch einen inneren Drang, der wie ein Motor wirkte. Nach einiger Zeit merkte ich, dass ich nicht allein dort oben war. Obwohl ich niemanden sah oder erkannte, spürte ich die Nähe vieler anderer Wesen, die sich wohl im gleichen Zustand wie ich befanden und in gleicher Richtung vorwärts strebten. Dem Traumgefühl nach dauerte die Reise eine ganze Zeit. Dann aber öffnete sich die Szene nach unten, die Baumkronen traten zurück und gaben den Blick nach unten frei. Es bot sich ein freundliches Bild. Man sah unten eine Art Waldwirtschaft, deren Tische und Bänke auf einer Waldwiese standen. Viele Leute saßen dort und ließen es sich wohl sein. Getränke und Kuchen wurden gereicht, so wie es auch bei uns auf Ausflügen am Sonntagnachmittag üblich ist. Ich war durchaus geneigt, mich auch dort zu erlaben, aber ein merkwürdiger, nicht zu überwindender Drang erlaubte mir nicht, hinabzusteigen und mich den Sitzenden zuzugesellen. Ich musste wohl oder übel meine Reise fortsetzen.

Einige Zeit später ereignete sich die Szene ein zweites Mal. Wieder zogen es viele meiner Wandergefährten vor, auf der Waldwiese Platz zu nehmen. Dann geschah, ähnlich wie im Märchen, das Gleiche ein drittes Mal. Aber wiederum konnte ich der Einladung nicht Folge leisten. Ich musste weiter.

Da regte sich etwas in mir – ich wusste plötzlich, was sich dort unten in Wahrheit abspielte. Meine Begleiter begaben sich nach unten, nicht weil sie einmal pausieren und sich erholen wollten; vielmehr waren sie jeweils an ihrer Endstation angekommen, der Motor trug sie nicht weiter, doch sie wussten nicht, dass sie nunmehr an jener Station für immer sitzen bleiben mussten. Die innere Tragkraft trug sie eben nicht weiter. Da formte sich in meinen Gedanken der Satz: »Das ist die Hölle. Sitzen bleiben müssen.« Beim Aufwachen stieg in mir die bange Frage auf: Wann kommt dein Platz, auf dem du sitzen bleiben musst? Aber gleichzeitig durchströmte mich das erleichterte Gefühl: Noch kannst du weiter. –

Ich deutete schon an, wie mich dieser Traum, der von nirgendwoher zu kommen schien, erschütterte. Er hat mich nun 38 Jahre begleitet, nie vergessen, immer zum Weitergehen mahnend. Erst 13 Jahre später fing ich mein Psychotherapie-Studium an. Seitdem begleitet der Traum mich auch bei der Arbeit und schärft den Blick für Möglichkeiten des Menschen in der Behandlung. Er ist vor allem zum Mahner geworden, zu sehen, dass der Mensch nicht seinen eigenen Weg verfehle. Tiefenpsychologisch gesehen, bedeutet nämlich Sitzenbleiben Stagnation. Im seelischen Raum aber gibt es eine Stagnation überhaupt nicht, da die Psyche von Grund auf auf Fortschritt und Entwicklung eingestellt ist. Sitzenbleiben bedeutet also in Wahrheit Regression, Rückschritt, das heißt, sich der Realität des Lebens versagen. Regression aber ist die Hauptursache aller neurotischen Erkrankungen. Also ist das im Traum so harmlos erscheinende Sitzenbleiben vieler Wesen bei Kaffee und Kuchen in Wirklichkeit alles andere als ein freundliches Geschehen. Der Traum nennt es darum Hölle.

Wie stellt das Unbewusste, etwa im Traum, das Sitzenbleiben eines Menschen dar? Dazu ein Beispiel: Ein gebildeter Mann um Ende dreißig war schon längere Zeit in analytischer Behandlung. Abgesehen davon, dass er Eheprobleme hatte, war sein eigentliches Anliegen, seine Persönlichkeit weiterzuentwickeln. Dieses Unternehmen stand allerdings insofern unter einem bösen Stern, als seine Frau die Analyse ihres Mannes grundsätzlich ablehnte und alles tat, um die Sache zu Fall zu bringen. Ich machte den Mann darauf aufmerksam, dass es ganz besonderer Anstrengungen bedürfe, in dieser Situation durchzuhalten. Dann aber kam ein bedeutungsvoller Traum, der die Unmöglichkeit, die Analyse fortzusetzen, anzuzeigen schien. Der Traum lautete folgendermaßen:

»Ich stehe an einem See. Am Ufer des Sees stand ein Baum, der sich fast waagerecht in den See hinausstreckte. Ich versuchte, bäuchlings auf dem Baumstamm liegend, bis zu seinem Ende vorzudringen. Ich schaute hinab ins Wasser. Da sah ich dort unter mir eine wunderbare Welt, leuchtend und glänzend in allen Farben. Große und kleine Fische, silberne und goldene, bewegten sich im Wasser lautlos hin und her und schienen sich mir geradezu anzubieten. Ein besonders großer Barsch in goldenem Glanz schwamm dicht unter mir, so dass ich versucht war, in das Wasser zu springen und ihn mir herauszuholen. Plötzlich kam mir der Gedanke, dass ich ja nicht wusste, wie tief der See war, und ich mir leicht den Kopf stoßen könnte. Ein Zittern überfiel mich, und ich hatte nur noch den einen Gedanken, so schnell wie möglich an das rettende Ufer in die Sicherheit zurückzukriechen. Als ich in die Nähe des Ufers kam, sah ich meine kleinen Kinder dort stehen, die mir halfen, auf festen Boden zu gelangen.«

Ich machte den Träumer darauf aufmerksam, dass dieser Traum bereits die Möglichkeit einer Regression enthielt. Der Träumer hatte lange Zeit die Chance gehabt, die Schätze des Unbewussten in seinem eigenen Leben zu betrachten und damit die Entfaltung seiner Fähigkeiten zu erfahren. Nun aber, unter dem Druck seiner äußeren Situation, war ihm der Mut zum Weitergehen vergangen. Der Traum stellte ihn noch einmal vor die Alternative, entweder die bunte Vielfalt des inneren Reichtums zu nutzen oder aber sich von ihr endgültig loszusagen. Eigentlich nahm der Traum die bevorstehende Entscheidung des Mannes schon vorweg; dennoch konnte dieser Traum noch ein letztes Mal den Mann zur Umkehr bewegen.

Wie bedeutsam das Sitzenbleiben für das Schicksal des einzelnen Menschen auch sein mag, so handelt es sich dabei doch um ein Problem, das zugleich die Menschheit als Ganzes angeht. Dafür ist zum Beispiel das großartige Buch »Christusmord« von Wilhelm Reich eine eindringliche Mahnung. Handelt es sich doch dabei zugleich um die Auseinandersetzung des Menschen mit der Gestalt Jesu. Für Reich betrifft »das Christusproblem den Kampf von Bewegung gegen erstarrte Strukturen«. Reich ist wohl der eindringlichste Rufer im Kampf gegen das »Sitzenbleiben« des »gepanzerten Menschen«, wie er die durch nichts zu beeindruckenden

Sitzenbleiber nennt. »Wahres Leben bewegt sich nach vorn in unbekannte Bereiche.« Darum sind es die Sitzenbleiber, »die bis heute und immer wieder Christus morden, der das Leben und die Bewegung selbst ist. Er ist ihnen zu beweglich, und so musste das Gefühl des Zurückbleibens und Hinterherhinkens sich notwendigerweise zu Hass auf das Neue, das Bewegende, das Aufrührende entwickeln«.

Wir sehen, in welche Dimensionen sich das Problem des »eigenen Weges« erweitert und nicht nur das Schicksal des Einzelnen, sondern ganzer Gruppen und Völkerschaften mitbestimmt. Auch für diese gibt es nur ein Vorwärtsgehen, jede Regression führt, wie wir etwa im Hitlerreich gesehen haben, in die Katastrophe. So ist der Traum von der Hölle nicht nur individuell, sondern überindividuell, das heißt, kollektiv zu verstehen. Die Menschheit als Ganzes ist zugleich davon angesprochen und aufgerufen. Vielleicht hat Hermann Hesse diesem Fortschreiten den vollendetsten Ausdruck in seinem Gedicht »Stufen« gegeben, das hier als Schluss das Anliegen des Buches zusammenfasst:

Wie jede Blüte welkt und jede Jugend
Dem Alter weicht, blüht jede Lebensstufe,
Blüht jede Weisheit auch und jede Tugend
Zu ihrer Zeit und darf nicht ewig dauern.
Es muss das Herz bei jedem Lebensrufe
Bereit zum Abschied sein und Neubeginne,
Um sich in Tapferkeit und ohne Trauern
In andre, neue Bindungen zu geben.
Und jedem Anfang wohnt ein Zauber inne,
Der uns beschützt und der uns hilft, zu leben.

Wir sollen heiter Raum um Raum durchschreiten,
An keinem wie an einer Heimat hängen,
Der Weltgeist will nicht fesseln uns und engen,
Er will uns Stuf' um Stufe heben, weiten.
Kaum sind wir heimisch einem Lebenskreise
Und traulich eingewohnt, so droht Erschlaffen,
Nur wer bereit zu Aufbruch ist und Reise,
Mag lähmender Gewöhnung sich entraffen.

Es wird vielleicht auch noch die Todesstunde
Uns neuen Räumen jung entgegen senden,
Des Lebens Ruf an uns wird niemals enden…
Wohlan denn, Herz, nimm Abschied und gesunde!

Nachwort

Dies Buch ist in einer Zeit großer körperlicher und psychischer Schwierigkeiten entstanden. Eigentlich habe ich es für mich selbst geschrieben, um mir Mut zu machen und im Blick auf die Vergangenheit an dem Weg in die Zukunft nicht zu verzagen. Vielleicht kann es auf andere Menschen in verzweifelten Lebenslagen eine ähnliche Wirkung ausüben. Mein besonderer Dank geht an meine Kollegin Doris Wagner, die mich unermüdlich ermutigt und mit vielen wertvollen Einfällen das Buch mitgetragen hat. Besonders hat sie mir die undankbare Arbeit des Tippens des Manuskripts abgenommen.

Das Buch ist ein sehr persönliches Buch geworden und erzählt von mannigfachen eigenen Erlebnissen und Erfahrungen. Aber ich bin der Meinung, dass das Leben des Einzelnen immer wieder der positiven Anstöße bedarf, die aus dem Leben anderer deutlich werden. Und so ist dies Buch zugleich im Andenken an meine Mutter geschrieben; von ihr erhielt ich die wichtigsten Anstöße und den Mut zum Leben.

BÜCHER VON HANNA WOLFF

Jesus als Psychotherapeut

Jesu Menschenbehandlung
als Modell moderner Psychotherapie
180 Seiten, broschiert

Ungewollt griff die Autorin manchmal zu einem Bibelwort, um einen psychischen Tatbestand pointiert zusammenzufassen. Sie ging dem Eindruck nach, daß psychotherapeutische Einsicht im Reden, Tun und Leben Jesu sich vollziehen. So ist ein Buch aus der Erfahrung psychoanalytischer Praxis entstanden.

Jesus der Mann

Die Gestalt Jesu in tiefenpsychologischer Sicht
200 Seiten, broschiert

»An Hanna Wolff geriet ich in einer tiefen persönlichen Krise. Meine Frau schenkte mir das Buch ›Jesus der Mann‹. Dieser unverwechselbare Wolffsche Jesus tat mir gut und gab mir Mut.« *(Franz Alt)*

Der universale Jesus

Die Gestalt Jesu im kulturell-religiösen Umfeld Indien
160 Seiten, broschiert

Über 20 Jahre lebte Hanna Wolff in Indien. Gleichnisse Jesu wurden ihr dort spontan verständlich; das brachte die Autorin darauf, daß Jesus im indischen Kulturkreis leichter zu verstehen ist als im westlichen.

IM RADIUS-VERLAG

Radius-Verlag · Olgastraße 114 · 70180 Stuttgart
Fon 0711.607 66 66 Fax 0711.607 55 55
www.Radius-Verlag.de e-Mail: radiusverlag@freenet.de

ARKANA
GOLDMANN

Spirituelle Wege

Varda Hasselmann,
Die Seele der Papaya 21522

M. Scott Peck,
Der wunderbare Weg 13220

Thich Nhat Hanh, Das Glück,
einen Baum zu umarmen 13233

Kathleen Norris,
Als mich die Stille rief 21535

Goldmann • Der Taschenbuch-Verlag